羅蘭·巴特

Barthes: A Very Short Introduction

U0118381

Barthes: A Very Short Introduction

羅蘭・巴特

卡勒(Jonathan Culler)著

陸贇 譯

OXFORD
UNIVERSITY PRESS

Oxford University Press is a department of the University of Oxford.
It furthers the University's objective of excellence in research, scholarship,
and education by publishing worldwide. Oxford is a registered trade mark of
Oxford University Press in the UK and in certain other countries

Published in Hong Kong by
Oxford University Press (China) Limited
39/F, One Kowloon, 1 Wang Yuen Street, Kowloon Bay, Hong Kong

This Orthodox Chinese edition © Oxford University Press (China) Limited

The moral rights of the author have been asserted

First edition published in 2017

羅蘭‧巴特

卡勒 (Jonathan Culler) 著

陸贇譯

ISBN: 978-0-19-942696-6

1 3 5 7 9 10 8 6 4 2

English text originally published as *Barthes: A Very Short Introduction*
by Oxford University Press © Jonathan Culler 1983

目　錄

前言

　　羅蘭·巴特(Roland Barthes)於1980年猝然離世，當時他是文化與批評領域內的大人物：他具有強大的影響力，評點世間一切，並且以顯著的先鋒姿態極大地改變了人文學科(尤其是文學研究)。二十年過去了，他的地位變得更加撲朔迷離。對於我們來說，巴特如今意味着什麼？他是個什麼樣的作家，或者說，什麼樣的知識分子？也許應該問：如今我們要讀巴特的哪些作品？為什麼要讀？長期出版巴特著作的門檻出版社已經推出了他的全集，厚厚的三卷本，共計數千頁。其中不僅囊括了他的代表作，還收錄了數以千計的短篇文字及應酬之作。巴特的最後一部作品《明室：攝影札記》暢談了個人對於攝影的看法，頗多創見，不落俗套，因而被廣泛引用、讚揚和討論。他的早期作品《神話學》是文化研究領域的奠基之作，研究者在討論這一領域時多援引此書。在以上兩部作品之間的許多著作和文章——尤其是《S/Z》和《文之悦》——在大學裏被選為文學批評或文學理論課程的閱讀書目。那麼，巴特是文學理論家嗎？作為一名從未在生前公開性取向並且在遺作中也很少談及本人性生活的同性戀者，巴特引起了同性戀研究者的興

趣。他的自傳體作品《羅蘭‧巴特自述》是一部極為誘人、極具創意的著作，是關於思想和寫作的冒險最動人的論述之一。要是只考慮「該讀些什麼」這一問題，現在就更迫切需要評估巴特和他的貢獻了。

本書原本為Fontana出版社推出的現代大師系列而寫，在巴特去世不久後出版。書中分析了他的成就，並且描繪了他的多重身份，針對的讀者群體是那些認為巴特有用、有趣和富有創意的人。巴特的作品涉及如此廣泛的領域——他的情緒和文體也同樣如此——以至於每個人都能從巴特身上找到適合自己的一面，但關鍵的問題是，巴特能帶領我們走向何方和他的魅力產生了什麼樣的影響。在這個新的版本中，我只對主體文本做了些許修改，一方面因為我對於巴特的絕大部分看法依然成立，另一方面也因為太多的干預可能會創造出一個不均衡的文本，導致年輕時的我和中年的我這兩種聲音在其中相互爭執。除了稍加闡釋之外，我還加入了新的研究書目，但最重要的是，我增添了最後一章來描述巴特去世後的地位變化，並且對於他在當今時代的價值提出了我自己的看法。

伊薩卡市，紐約州　2001年6月

凡巴特作品本書使用的引文格式如下：（第154/136頁）。前一個數字為法文原版頁碼，後為英譯本頁碼，推薦閱讀書目列出了英譯本的具體資料。

圖片鳴謝

The publisher and the author apologize for any errors or omissions in the above list. If contacted they will be pleased to rectify these at the earliest opportunity.

圖1　巴特在高等實用研究院的研討會上，1973年。

第一章
多面手

　　羅蘭・巴特於1980年去世，享年65歲。當時他任職法蘭西學院教授，這是法國學術體系的最高位置。他曾以對法國文化做出切中肯綮、蔑視權威的分析而聞名，但到了去世的時候他自己也已經成為了現行文化體制的一部分。他的講座吸引了人數眾多、背景各異的聽眾，從外國旅遊者到退休中學教師再到知名學者。他在報紙上撰寫專題文章，對日常生活的各個方面進行了深入思考。他的《戀人絮語》作為一種戀愛「修辭」，不僅成為暢銷書，還被搬上了戲劇舞台。

　　在法國之外，巴特繼薩特之後，成為法國知識分子的標誌性人物。他的著作被翻譯到多個國家，並擁有眾多讀者。他的論敵之一韋恩・布斯（Wayne Booth）稱他為「或許是對當前的美國批評產生最大影響力的人」，但他的讀者群體遠遠超出文學批評家的範疇。[1]巴特是具有國際聲望的大人物，是一位現代大師。但他究竟擅長什麼？他以什麼而知名？

　　事實上，巴特的聲譽源自幾個相互矛盾的方面。

1　韋恩・布斯，《批判性理解》，芝加哥大學出版社，1979年，第69頁。

對於許多人來說，他首先是個結構主義者，或許是唯一純正的結構主義者，他提倡對文化現象進行系統、科學的研究。他同時也是符號研究(對於符號的科學研究)最知名的倡導者，勾勒出了一種結構主義式的「對於文學的科學研究」。

不過，對於另一些人來說，巴特代表的不是科學，而是愉悅：閱讀的愉悅，以及讀者為了獲取可能得到的愉悅而進行個性化解讀的權利。巴特反對以作者為中心的文學批評，那種批評一心想要復原作者的思想或意圖；巴特提出讀者的重要性，並且提倡那種為讀者提供了積極的創造性角色的文學。

另外，巴特素以支持先鋒派文學而聞名。法國的批評家們抱怨阿蘭·羅伯–格里耶(Alain Robbe-Grillet)以及其他新小說的實踐者所寫的小說難以卒讀——他們認為這些作品只是把一些令人困惑的描述胡亂堆砌在一起，缺少可以辨識的情節，也沒有引人矚目的角色。但巴特不僅稱讚這些小說，把他本人的前途和這些作品的前途聯繫在一起，而且還提出，正是這些向我們的預期發起挑戰的「難以卒讀」的作品最完美地體現了文學的目的。巴特提出了「可讀」文本和「可寫」文本這兩個相對立的概念。前者指順從傳統代碼和可理解性模式的作品，後者指實驗性作品，我們不知道該怎麼去閱讀這類作品，只能(實際上必須)在閱讀的時候去寫作這些文本。

然而，令巴特對於先鋒派的支持變得廣為人知的幾部著作並沒有討論當代的實驗性作家，而是探討了經典的法國作家，如拉辛和巴爾扎克。巴特最愛的是「從夏多布里昂到普魯斯特的法國文學」，而普魯斯特是他最摯愛的作家。人們甚至懷疑，他宣揚先鋒派並且公然否定早期文學的做法是一種明智的策略，這一策略（有意或無意地）創造出一種批評氛圍，由此他能夠在後來把關注的焦點重新轉回到那些早期作家身上，並且以新的方式來解讀他們的作品。

最後，巴特還以「作者之死」的代言人形象而知名，所謂的「作者之死」是巴特提出的一個說法，其目的在於消除作者在文學研究和批判性思維中所處的核心位置。他在1968年寫道：「我們現在知道，一個文本並非釋放出單一的『神學』意義（一位作者——上帝想要傳遞的『訊息』）的一連串詞語，而是一種多維度的空間；在這個空間中，多種寫作（均非原創）相互混合、碰撞」（《意象、音樂、文本》，第146頁）。他特別強調，我們應該研究文本，而不是作者。

然而，這位廣大作者的公敵卻是一位著名的作者，他的各種著作展現出了個人風格和眼界。許多作品非常特別，很難用現有的文體類型來歸類：比如，《符號帝國》把他在日本旅行期間的見聞與他對於日常生活中的符號及其倫理意義的思考結合在了一起；《羅蘭·巴特自述》迴避了自傳的種種慣例，以怪異

的疏遠姿態描述了一個名叫「羅蘭·巴特」的人，描述他的生活及其作品；《戀人絮語》更像是戀人之間談話的樣本和程式，而不是對愛情的研究；《明室：攝影札記》是巴特對於他所鍾愛的相片的思考，而不是對於攝影藝術的分析。這些獨特而動人的作品是一位作者想像力的產物，寫出這些作品的人不僅是位法語散文大師，而且也具有獨特的生活體驗。

這就是羅蘭·巴特，一個矛盾的人物，他提出了各種錯綜複雜的理論和立場，對此我們必須加以闡述。我們該如何來評估這樣一位人物？當被問到巴特究竟擅長什麼的時候，人們往往回答「文學批評」。（在法蘭西學院，他自命為「從事文學符號研究的教授」。）但這一頭銜並不能涵蓋他的成就，他的聲望並非源自文學批評領域內的權威性成果。他的影響力來自他所勾勒和支持的多個研究設想，這些設想促使人們改變了思考各種文化客體的方式，從文學、時尚、摔跤和廣告，到自我、歷史和自然等概念。

人們或許可以稱讚巴特是許多學科的創始人，是許多研究方法的倡導者，但這種說法同樣不能令人滿意。每當巴特強調某種新的、具有遠大目標的理論設想時——比如，關於文學的科學研究、符號研究、關於當代神話的科學研究、敘事學、文學語義的歷史、關於分類的科學研究、文本愉悅的類型學——他又迅速地轉向了其他設想。他不斷地拋棄他曾經推動發展

的研究內容，時常以挖苦或輕視的態度來評點他本人之前的想法。巴特是一位對他人產生了深遠影響的思想家，但他卻試圖把他的影響消除在萌芽狀態。他的一些理論設想取得了蓬勃發展，但這種發展卻是在沒有他參與，甚至是在他的反對之下獲得的。

對於那些讀過巴特的某一部作品並且被它預見的理論前景所激勵的人們來說，巴特的做法讓他們頗為惱火。他拒絕固定自己的立場，不斷變換着自己的興趣和態度，其目的不是在於糾正錯誤，而是在於試圖迴避過去。人們想要譴責巴特缺乏毅力，並且讚揚那些在葡萄園裏苦幹實幹的人，他們沒有迴避艱苦工作去追求天邊出現的誘人的新希望。但巴特之所以吸引我們，正是因為他能激發我們的思考，我們很難把他作品中的誘人之處與他不斷採取新視角和放棄慣性感知的嘗試區分開來。如果巴特長期致力於某些理論建設，他就不可能成為如此多產的思想家。

意識到這一點，巴特的鐵杆支持者往往稱頌他樂於改變和拒絕被固化的態度，他們沒有把巴特的寫作當成需要我們來評價的分析性研究（評價的依據是這些作品對於我們的理解力所做出的貢獻），而是把這些文本看作是一次次的個人冒險。實際上，為了應對巴特的各種作品所表現出來的自相矛盾，他們採取的辦法是在這些作品中尋找一種個性，一種個人化的學術風格。他們稱讚他不斷改變的做法，而不是他的結構性

分析；他們稱讚他敢於追隨自己的興趣和愉悅，而不是他在這個或那個領域內所取得的成就。

在法蘭西學院的就職演說中(通常一位新任職的教授會闡述他的研究方法)，巴特沒有談論如何發展一種文學符號研究，也沒有說要拓展知識，而是談到了遺忘：「我承諾要讓自己負載起任何生命都具有的那種力量：遺忘」(《就職演說》，第45/478頁)。他提出，他不打算傳授他所知道的內容，而是要強調「消除已有知識，順從不可預見的變化，遺忘將這些變化強加給了人們所積澱的知識、文化和信仰。」巴特借用了拉丁語中意為「智慧」的詞「sapientia」，用來指稱這個遺忘的時刻，這種消除已有知識的行為；他用自己的話來界定這個詞：「sapientia：沒有權力，有些許知識，些許智慧，還有盡可能多的情調」(《就職演說》，第46/478頁)。

巴特總是顯得情調十足，尤其是他那些出人意料的表述方式，似乎讓他失去了保護。巴特在本質上是個有着特別情調的名人，這一看法得到了公認，因為它迎合了兩類有影響力的人群：首先是巴特的崇拜者，對於他們來說，他的每一部作品都是一首《羅蘭之歌》；其次是記者，他們可以更加自如地談論一位名人，而不是一個理論家。巴特「消除已有知識」的說法以及他放棄之前立場的做法，讓法國新聞界可以套用一個陳舊的模式——憤青轉變為紳士——來描述

巴特的職業生涯：在厭倦了體系、原則和政治之後，他決定與社會和平共處，從而享受社會帶來的愉悅，並追求一種個人的滿足。他在早期和中期所採取的政治立場和社會批判只是他的眾多情調中的一部分，成熟後的巴特自然忽略了這些情調，他迴避各種理論，從而養成了自己的個性。他對於先鋒派文學的「教條主義式」的倡導可以被視為一種青年人的熱情，隨着年歲漸長，他自然就轉向了經典法語文學。「消除已有知識」的做法推動巴特超越了每個立場和每個理論設想，這被看作是為法國文化和法國社會所具有的終極價值提供了佐證，巴特最終還是接受了這樣的價值觀。到他去世的時候，這位資本主義社會及其神話的批評家已經被政治家稱讚為法國文化的溫和的代表人物了。

法國以外的讀者或許沒那麼在意媒體如何看待巴特的轉變，也不在意他的政治立場，他們甚至不關心他與先鋒派的確切關係。巴特於1971年聲稱，他的歷史位置「在先鋒派的後場」（《回應》，第102頁）。既然本項研究旨在闡述巴特多變的理論立場和相應的貢獻，這些問題當然是研究的首要任務。但如果人們打算閱讀巴特的作品，就必須面對一個根本性的問題：該如何看待他的思想。巴特的崇拜者總是把他的作品看作是一種慾望的表述，而不是有待思考、發展和反駁的觀點，這種做法導致他們低估了這些作品的重要

性；與此同時，巴特本人嘲諷自己過去的做法也推動了這種傾向。比如，在《羅蘭・巴特自述》中，他對一些二元對立的術語(比如可讀與可寫、內涵與外延、隱喻與轉喻等)進行了反思，這些術語的區分在他的早期研究中曾起過重要作用。在一段題為「偽造」的文字中他把這些對立術語稱為讓他得以持續寫作的「生產的修辭」。「這種對立被鑄造成形(就像一枚硬幣)，但人們並不想兌現它。那麼它有什麼用？很簡單，它的作用在於說出某些內容」(第96/92頁)。在題為「寫作機器」的段落中，巴特談到了他對於尋求對立概念的熱情。「就像魔術師的手杖，概念，尤其是成對的概念，催生了一種寫作的可能。」他說，在這裏存在着說出某些內容的可能性。「因此，作品靠着概念帶來的衝動、持續不斷的興趣和短暫的狂熱向前推進」(第114/110頁)。

和《羅蘭・巴特自述》中的許多內容一樣，這種反諷性的自我揶揄十分誘人；在成熟後的巴特的鼓勵下，人們覺得自己比年輕時候的巴特更加厲害，因為後者把自己的狂熱誤當成有效的概念。但是，在智識方面充滿好奇的讀者至少應該停下來提出疑問：這是否就是解讀巴特的最佳方法？巴特對於自己以往作品的去除神秘性的做法是不是反倒產生了重新神秘化的結果——一種機敏的、個性化的迴避？考慮到對某個作者採用的概念進行評估所涉及到的困難，人們往往

武斷地宣稱這些概念純屬一時衝動，或者體現了一種想要寫作的潛在慾望，這種慾望將某位作者與其他作者聯繫在一起。巴特嘲諷自己過去立場的做法或許創造了一種巴特式的神話。《羅蘭‧巴特自述》中的片段甚至可以被解讀為一種炫耀的形式，就像一個騎自行車的年輕人大喊着：「媽，快看！沒用手！」巴特也在大喊：「媽，快看！沒用概念！」一個作家完全可以愉快地宣稱，他的作品並沒有依靠重要的理論來支撐，而是依賴短暫的狂熱；作品的聲望不取決於其認知價值，而是取決於概念帶來的衝動和持續不斷的興趣。

即使巴特真的這樣來看待他本人的作品——他的寫作過於戲謔，難以得出確定性的結論——我們也不必同意他的看法，不必把他的作品當作是一系列的衝動，並且認為它們的重要性比不上它們所表達的基本慾望。雖然懷着發現「真實的巴特」的希望去尋找作品中統一的、潛在的慾望，對於研究者來說是一種挑戰，但更忠實於巴特的做法——忠實於他的全部作品，忠實於他和他所處的世界之間的關係——是保持他的變色龍形象，他懷着活力和創造力加入到一系列相去甚遠的批評實踐中。人們不該尋求一種簡化的一致性，而是該讓巴特保持他的活力，他的真正形象應該是個多面手，參與各種有價值的總體性的理論建設，這些理論未必具有共同的特性。

如果我們必須尋找一致性，如果我們依然覺得有必要用一個短語來總結巴特，我們或許可以(像約翰·斯特羅克(John Sturrock)在一篇有用的文章中所做的那樣)稱他為「無與倫比的激活文學頭腦的人」。[2] 或者我們用一個更好的說法，借用巴特本人對於作家的總體評價：我們可以稱他是「一個公共實驗者」(《文藝批評文集》，第10/xii頁)。他以公開的方式，為了公眾，對各種思想和體系進行實驗。一篇以《何為批評？》為題的文章進一步發展了這一想法。巴特認為，批評家的任務不是發現作品的秘密意義——關於過去的真相——而是要為我們所處的時代來建構一種可理解性(《文藝批評文集》，第257/260頁)。要想「為我們所處的時代來建構一種可理解性」就是要發展若干概念框架來處理過去和現在的各種現象。可以說，這就是巴特最主要的活動，也是他最持久的關注。在一次訪談中，他這樣說道：「在我的一生中，最吸引我的是人們如何讓他們的世界變得可以理解」(《訪談錄》，第15/8頁)。他的寫作試圖向我們展示，我們如何做到這一點，特別是我們正在這樣做：那些對我們來說看似自然的意義實際上是文化的產物，是概念框架造成的結果，我們對於這些概念框架太過熟悉，以至於忽略了它們的建構本質。巴特對現

2　約翰·斯特羅克，《羅蘭·巴特》，收錄於《結構主義以來》，牛津大學出版社，1979年，第52頁。

有的觀念發起挑戰，提出新的視角，從而揭示出讓世界變得可知的習慣方式，並且嘗試加以修正。把巴特當作一位公共實驗者，把他的寫作看作是在建構我們所處的時代所需的可理解性，這樣的看法有助於解釋他的作品中許多令人困惑的內容，同時又能夠保留其中包含的各種立場和視角。接下來，我將描述巴特所探討的各種研究設想，以便來支持上述說法。

不過，我還是先來概述一下巴特的生平，有了相應的參照點，我們的後續討論才能順利進行。在巴特成名之後，採訪者頻繁問及他的私人生活，起初他拒絕回答，但很快就打開了話匣子，並且一直強調「任何傳記都是不敢說出名字的小說」（《回應》，第89頁）。在後面的章節中，我會討論巴特的傳記小說展現的文學品質（例如，在《羅蘭·巴特自述》中）。但現在，我們所關心的是情節和一些醒目的主題。

巴特於1915年出生於一個中產階級新教家庭。他的父親是一位海軍軍官，在他未滿周歲的時候死於一次軍事行動，他從小由母親和外祖父母撫養，在巴約納市長大，這是法國西南部大西洋沿岸的一座小城。《羅蘭·巴特自述》（書的序言警告說「所有這一切必須被視為小說中的人物所說的話」）中對於這段童年生活的論述強調了三點：音樂（巴特的姨媽是位鋼琴教師，只要鋼琴空着，他就會練習彈奏）、資產階級閑談（例如，來喝茶點的貴婦之間的交談）和帶着一絲懷舊

心情回想起的童年見聞。在他九歲那年，巴特隨母親移居巴黎，她靠着裝訂書籍獲得一份微薄的收入，而巴特的生活環境則換成了學校(定期放假，到了假期他總是回到巴約納市)。在他十二歲那年，母親愛上了巴約納的一位藝術家，並且產下一子，也就是巴特同母異父的弟弟。終其一生，巴特一直和母親及弟弟住在一起，但他從沒有提及這個弟弟。巴特沒怎麼談論他的學校生活，但他是個好學生。1934年，他完成高中畢業會考後，曾計劃報考巴黎高等師範學校，法國最好的學生都在那裏接受大學教育。但他感染了肺結核，被送往比利牛斯山脈進行治療。一年後他回到巴黎，開始大學生活，他學習法語、拉丁語和希臘語，同時他協助創辦了一個劇團，並花費大量時間來演出古典戲劇。

1939年戰爭爆發的時候，巴特被豁免兵役，他在比亞里茨和巴黎兩地的公立中學裏教書，但到了1941年，由於肺結核復發，他被迫中斷教學。隨後的五年裏(大體上就是德軍佔領法國的時段)，他的大部分時間都在阿爾卑斯山的療養院裏度過，他在那裏過着規律的生活，讀了許多書。等到療養結束的時候，他變成了(用他本人的話來說)薩特的支持者兼馬克思主義者。回到巴黎後，他逐漸恢復了健康，並且獲得在國外教授法語的職位，最初在羅馬尼亞，隨後到了埃及，那裏的一位同事A.J. 格雷馬斯(Greimas)向他介紹了現代語言學的研究成果。

回到法國後，他在政府文化服務部門負責海外教學的分部工作了兩年。1952年，他獲得一筆研究資金，用於寫作一篇詞彙學論文，主題是19世紀早期社會辯論中所用的詞彙。他的論文研究沒有取得進展，他卻出版了兩部文學批評作品：《寫作的零度》(1953)和《米什萊》(1954)。失去研究資助後，他為一個出版商工作了一年，其間寫了大量文章，其中有多篇文章對當代文化進行了簡要研究，後來以《神話學》(1957)為題，結集出版。1955年，朋友幫他拿到了另一筆研究資金，這次需要他對時裝進行社會學分析，最終他寫出了《流行體系》(1967)。1960年，在他的研究資金用完之際，他在高等實用研究院(這所學校在法國的大學體系中處於邊緣位置)獲得了一個教職，1962年起成為這裏的固定教師。與此同時，他發表了以新小說和其他文學主題為研究對象的多篇論文，後來以《文藝批評文集》(1964)為題，結集出版。他試圖在《符號學原理》(1964)中勾勒出一種關於符號的科學研究。此外，他還寫了一部引發巨大爭議的作品《論拉辛》(1963)。

1965年之前，巴特在法國的知識圈中是個十分積極卻又處於邊緣的人物，但就在那一年，索邦大學的一名教授雷蒙德·皮卡爾(Raymond Picard)出版了一本著作，題為《新批評還是新欺詐？》，書中對巴特批評尤多；這些指責隨後被法國新聞界一再炒作，使

巴特變成了文學研究領域內激進、不當、蔑視權威等做法的代表人物。雖然皮卡爾的首要目的在於反對巴特以精神分析話語來討論拉辛的作品，但爭論迅速演變為一場廣義上的古今之爭，巴特的「惡」名由此變得眾人皆知。在《批評與真實》(1966)中，巴特答覆了皮卡爾的質疑，並且提出要建立一種結構主義式的「對於文學的科學研究」；在之後發表的論修辭和論敘事的文章中，巴特對這一研究進行了初步探討。隨後兩年裏，他又出版了另外兩本與結構主義研究相關的著作：《薩德、傅立葉、羅尤拉》(1971)和《S/Z》(1970)。前者出人意料地把這三位思想家放在一起，將他們視為話語體系的共同創始人；後者是巴特最為詳盡的文學分析作品。與此同時，前往日本的旅行造就了《符號帝國》(1970)這本小書，巴特聲稱，他在寫作此書時所獲得的快樂遠勝過其他作品。

到了20世紀60年代後期，巴特已經成為巴黎名流，與克勞德·列維–斯特勞斯(Claude Levi-Strauss)、米歇爾·福柯(Michel Foucault)和雅克·拉康(Jacques Lacan)齊名。各個國家和地區都爭相邀請他講學，起初他接受了一些邀請，前往旅行並演講，他想享受異國他鄉帶來的新鮮感受以及別國語言的朦朧感覺，同時又無須與不相識的人進行交談。但他從來都不是像福柯那樣熱情的表演者，也不像拉康那樣喜歡別人用恭順的態度來關注他。巴特很快就厭倦了旅行演講，

圖2 結構主義的時髦人物：福柯、拉康、列維-斯特勞斯和巴特。

寧願待在巴黎附近，他在這裏度過了大半生，在高等
實用研究院主持研討課，並不時與朋友們見面聚會。

在他作為結構主義者的名望如日中天之際，巴特
出版了給他的名聲帶來巨大改變的兩部著作：《文之
悅》（1973）和《羅蘭·巴特自述》（1975）。前者就閱
讀和愉悅的思考澄清了巴特思想中的倫理層面；後者
對於日常經驗進行了優雅的理論化分析，並且採取了
自我貶低的口吻，這些做法使他以作家的新面目出現
在公眾面前。1976年，他被任命為法蘭西學院教授；
1977年在瑟裏西舉辦了為期一周的研討會，專門討論
他的作品。但巴特拒絕沾染學究氣，迅速推出了《戀
人絮語》（1977），對情人之間的感性語言進行探討。

在文學界和理論界的先鋒派看來，這是最不值得關注的話題，但這部非正統的作品卻備受歡迎，在它的推動下，巴特的公眾形象拓展到了學術領域之外。

1978年，巴特作為作家的地位再次得到鞏固，但原因卻讓他感到不快：一部名為《輕鬆學會羅蘭·巴特》（類似於《輕鬆學會法語》）的戲仿之作於當年出版，它宣稱以十八節簡易課程的形式，教會讀者如何使用羅蘭·巴特所用的語言，一種似是而非的法語。巴特現在已經是個值得模仿的文體名家。採訪者一再詢問，他是否打算寫一部小說。雖然巴特通常都予以否定，但他還是在法蘭西學院花了幾堂課的時間來談論自己「小說的準備工作」，討論的內容包括作家如何從視覺上想像他們正在創作的內容，以及他們如何以各種方式來實現這些內容。在巴黎，精神分析理論是知識界的時髦話語，但巴特卻成了傳統文學價值的主要倡導者，同時也是以非精神分析模式對日常生活進行研究的主要理論家。《明室：攝影札記》（1980）是巴特向母親致敬的作品，他的母親於1977年11月去世，這對於巴特而言是個重大打擊，由此他寫了這部論攝影的作品。下一步他將做什麼？他的天賦將引領他走向何方？這些都是引起人們關注的謎團。

1980年2月，巴特與一些社會黨成員和知識分子一起用完午餐後出門，穿過馬路前往對面的法蘭西學院，就在此時他被一輛洗衣店的卡車撞倒在街頭。雖

然他一度有所恢復，能夠與來訪者見面，但最終他還是在四週後去世。巴特的猝然離去讓他的職業生涯變得更加令人困惑。雖然這不是那種某個學者在某個偉大項目的進行過程中被意外奪走生命的悲劇性死亡，但人們無法確信，究竟巴特是否已經寫出了他最好的作品。誰又能預見，他下一步打算做什麼？他又會帶給我們什麼樣的實驗作品？

如他本人所言，三個因素在巴特的一生中起到了重要作用。首先是在窘迫的環境中，一個中產階級家庭所面臨的尋常無奇、令人憂慮的貧困狀況。巴特在自述中這樣寫道：「對他的一生產生重大影響的問題，毫無疑問是金錢，而不是性」（《羅蘭·巴特自述》，第50/45頁）。巴特並沒有談論悲慘的生活，而是提到了財政問題帶來的窘困——比如，省吃儉用以購買課本和鞋子——他把這種早期生活的體驗與他後來對於安逸生活的喜好聯繫在一起，因為安逸正是窘迫的反面(對於巴特來說，愉悅意味着安逸，而不是奢靡)。

第二個因素是肺結核，在他的學術道路上，肺結核兩次阻礙了他的發展；更重要的是，這種疾病把一種特殊的生活強加給他。巴特說，他的身體屬於托馬斯·曼(Thomas Mann)在《魔山》中描繪的那個世界，在那裏，肺結核的治療真的是一種生活方式。巴特逐漸適應了一種有規律的生活，時刻注意著自己的

身體狀態。在這樣的生活裏，閑談多，大事少，好在還有朝夕相處產生的友情。

　　第三，巴特委婉地談到了一段「職業動盪」時期：從1946年到1962年，他一直靠着短期收入來維持生活，既沒有明確的方向，也沒有穩定的工作。後來，當他名聲鵲起，有機會獲得明確的公共角色和職業角色時，他卻沒有如人們所料，充分利用他的知名度。他談到了對於情調(而不是權力)的渴望，並且真的在設法迴避他可能獲取的權力——雖然他的謙遜本身具有一種特別的力量。

圖3　療養院舉辦的化裝晚會。巴特在最右邊，他裝扮的人物是法蘭西文學院成員巴雷斯Barrès。

人們可以把巴特生活中的這幾個方面與他的寫作聯繫起來，從他的生活經歷中推斷出他所採取的立場。巴特本人有時也會做此類嘗試，但結果卻難以令人信服：每種所謂的原因——貧困、肺結核、職業動盪——都可能產生無數的結果；對於巴特的寫作來說，最主要的影響還是來自每部作品所涉及的理論設想。巴特具有驚人的創造性，但他首先對於周圍正在發生的事有着敏銳的觀察，能夠捕獲訊息，加以思考，最後創造性地把它用作新的理論設想中的關鍵概念。他具有超人的識別力，知道什麼事物讓人驚奇同時又充滿誘惑，知道該利用什麼樣令人震驚的悖論或矛盾。因此，他寫作的背景(不管是他自己的處境，還是他要反對的內容)至關重要。他展現出特殊的技藝，特別適合對我們這個時代的可理解性進行實驗。

第二章
文學史研究者

　　出於幾點原因，巴特總是對歷史頗感興趣。首
先，歷史起到與自然相反的作用。文化竭力裝作是人
類狀況和實踐的自然特徵，但實際上這些特徵具有歷
史性，它們是歷史力量和利益作用下的結果。巴特寫
道：「歷史遭到否認的時刻，恰恰是它發揮作用的時
候」（《寫作的零度》，第9/2頁）。歷史研究能夠說明
各種文化實踐形成的時間和方式，從而消除該文化意
識形態的神秘性，並且揭露它作為意識形態的偽裝。

　　其次，因為其他時代能夠帶給我們陌生感，並且
幫助我們理解當前時代，所以巴特看重歷史。在《文
藝批評文集》中寫到17世紀的倫理學家拉布呂耶爾(La
Bruyère)時，巴特提出，我們應當「重點關注將他的世
界和我們的世界分隔開來的距離，以及這種距離教給
我們的東西；這就是我們在此想做的事：讓我們一起
來討論拉布呂耶爾作品中與我們關係很少甚至無關的
內容。或許只有這樣我們才能抓住他的作品所具有的
當代意義」（第223/223頁）。我們覺得歷史有趣、有價
值，恰恰是因為歷史不屬於我們這個時代。

第三，歷史有用，因為它能提供一個幫助我們理解當前時代的故事。這就是巴特在他最早的批評作品《寫作的零度》中所尋求的目標。他勾勒出一段寫作的歷史(關於文學觀念和秩序的歷史)，以幫助我們定位並且評價當代文學。當時最偉大的文學知識分子讓-保羅·薩特(Jean-Paul Sartre)在1948年出版了一本影響深遠的小冊子《何為文學？》，他用一段濃縮的歷史回答了標題中提出的問題。他認為當代文學為了實現它的承諾，應當擺脫唯美主義和語言遊戲，轉向社會和政治問題。對此，巴特寫了一段很有趣的回應(雖然他沒有提及薩特的名字)，他提供了另一個版本的故事，並以此對當代文學做出了不同評價。

在薩特鮮活、有力的描述中，18世紀晚期的法國作家最後才確立了自己恰當而實際的地位，因為他們在一群強大的聽眾面前說出了自己對於這個世界的進步看法，這一看法同時也是他們整個階級的共同立場。但自1848年之後，隨着資產階級發展出一套意識形態來保護並支持他們新近獲得的統治地位，作家們——簡單地說——要麼屈從資產階級的意識形態，要麼對此加以譴責，並且選擇了在政治上無所作為的自我放逐。從此，政治上最「先進」的文學變成了一種沒有合適聽眾的邊緣化行為。福樓拜和馬拉美選擇了一種特殊的「無政治傾向」的文學，而20世紀的超現實主義者選擇了一種在薩特看來是徒勞的和理論化

的否定行為，迴避了嚴肅的現實世界。

　　薩特認為，與他同時代的作家在第二次世界大戰和抵抗運動期間感受到了強烈的「歷史性」，因此他們明白政治傾向的重要性，並且讓文學回歸「它的本質，即一種選擇立場的行為」。「作為作家，我們的任務是表徵世界，並且為它作證。」在薩特看來，詩歌或許能玩弄語言遊戲，或者進行語言實驗，但散文才是在使用語言：命名、描述、揭示。

　　作家的作用就在於直言不諱。如果詞語患病，我們就有責任治療它們。然而，許多作家非但沒有這樣做，反而依賴這種疾病。在許多時候，現代文學是詞語的一種癌症……我認為，尤其可悲的是一種被人稱為「詩性散文」的文學實踐，它使用詞語來取得朦朧的音樂和聲效果，在詞語周圍不斷迴響；構成詩性散文的詞語所表達的都是含糊的感覺，和清晰的意義正好相反。[1]

作家應該使用一種有效、透明的語言，用事物在這種語言中的名字來稱呼它們。

　　薩特區分了散文語言(不存在模糊意義的、透明

1　讓–保羅·薩特，《何為文學？》，伽利瑪出版社，1948年，第334頁、第345頁、第341頁；英譯本《何為文學？》，梅休因出版社，1970年，第206頁、第212–213頁、第210頁。

的語言)和詩歌語言(意義模糊的、容易引發聯想的語言),這意味着自福樓拜以來先鋒派文學用來處理語言的全部手法都應該被歸入詩歌領域,文學的故事(從福樓拜、馬拉美到超現實主義及其他)是一段充滿錯誤和衰落的故事。巴特贊同薩特的兩點看法:文學與歷史、社會之間具有重要聯繫,以及18世紀作家具有令人羨慕的處境(參見他論伏爾泰的文章《最後一個快樂的作家》,收錄在《文藝批評文集》中)。他也同意薩特的說法(相比其他地區,這一看法在法國顯得更為合理),認為1848年是歷史的轉折點(巴特認為,自福樓拜之後,文學就意味着對於語言的思考,以及和語言之間的衝突)。但巴特不同意薩特對語言和文學的另一些看法,他並不認為具有自我意識的現代主義文學如薩特所言是一種可悲的、缺乏道德意義的錯亂,或者說,是「詞語的一種癌症」。[2]

因此,巴特從一開始就對薩特的說法(政治上有效的語言必然是直接的、透明的、按照字面意義來理解的語言)提出了大膽挑戰。

埃貝爾[法國大革命時期的一位積極分子,擔任一份報紙的編輯工作]所寫的每一期《老頭迪歇納》

2　在《文藝批評文集》中,巴特用écrivain(作家)與écrivant(作者)之間的區分來代替薩特對於詩人與散文作者所做的區分。作家專注對語言進行探索,而作者則使用語言來表達他的想法。對於巴特來說,所有有趣的寫作者都是écrivain(作家)。

都以「幹」、「混蛋」這樣的罵人話開頭。這些低俗的詞沒有字面意義，但它們具有意指效果。它們指向整個大革命的局勢。這個例子向我們展示了一種寫作模式，它的功能不再只是交流或表達，而是引出語言之外的某個對象，這個對象既包括歷史，也包括我們在歷史中的立場。

《寫作的零度》，第9/1頁

所有的寫作都包括符號，就像埃貝爾所用的低俗詞語，這意味着一種社會模式，一種與社會的關係。僅僅通過頁面上的位置安排，一首詩歌就可以產生意指效果，「我是詩歌，你不要按照閱讀其他語言的方法來解讀我。」文學具有不同的意指方式來告訴讀者「我是文學」，而巴特的著作是關於這些「文學符號」的簡明歷史。沒有哪種散文是薩特希望看到的透明的語言。即使是最簡單的小說語言——比如海明威或加繆的作品——也以間接的方式意指一種與文學以及與世界的關係。一種去除修飾後的語言並不是自然或中性的語言，也不是透明的語言，而是刻意地被加入到文學機制當中；表面上，它拒絕了文學性，但實際上這變成了一種新的文學寫作模式，用巴特的話來說就是，一種可辨識的書寫。作家的語言是他從前人那裏繼承下來的用法，而他的風格則是一種個性化的(或許也是潛意識的)用詞習慣和偏好所形成的網

絡，但他的寫作模式或者說書寫則是他個人從所有的歷史可能性中做出的選擇。它是「一種想像文學的方式」，是「文學形式的一種社會性用法」。

巴特認為，從17世紀開始到19世紀中期，法國文學採取了一種單一的古典書寫模式，主要特點是相信語言的表徵功能。當拉法耶特夫人寫道，湯德伯爵在得知他的妻子懷上了另一個男人的孩子時，「想到了一切在這種情況下人們自然會想到的事」，她對寫作功能的理解和近兩個世紀後的巴爾扎克的理解完全一致。後者寫道，歐也納·德·拉斯蒂涅是「那些被不幸遭遇逼着努力的年輕人之一」，他還寫道，於洛男爵是「那些一看到漂亮女人就兩眼放光的男人之一」。這種古典書寫所依賴的前提是，存在一個熟悉的、秩序井然的、可以理解的世界，文學就指向了這樣的世界。此處，寫作具有政治效果，因為它以某種方式蘊含着普遍性和可理解性。

古典書寫在思想和風格方面存在巨大差異。巴特認為，雖然巴爾扎克和福樓拜這兩位幾乎是同時代的作家在思想方面只存在次要差異，但他們的書寫有着明顯不同。他認為，1848年後資產階級意識形態的傾向性開始顯露出來。之前作家曾假定內容具有普遍性，而現在寫作不得不對它自身(作為一種寫作)進行反思。寫作就是要自覺地與文學進行爭辯。對此，巴特解釋說：

大致的發展階段如下：首先是一種文學創作的技藝意識，對作品的精心要求到了痛苦的自我約束的地步(福樓拜)；接著是一種英雄般的意願，想要在同一個創作題材中把文學和文學理論融為一體(馬拉美)；接著是希望能避免文學性的同義反復，辦法是不斷地推遲對文學的界定，宣佈將要創作的內容，並且將這種創作宣言融入文學本身(普魯斯特)；接著是有意地、系統性地增延詞語的意義直至無窮，但並不遵從任何一種對於被意指對象的理解，以此來檢驗文學的真誠性(超現實主義)；最後是一種反向操作，削減這些意義，努力捕獲文學語言的此在，一種寫作的中性(但並不是一種清白)：說到這裏我想到的例子是羅伯－格里耶的作品。

《文藝批評文集》，第106–107/97–98頁

這是巴特在1959年所做的一番解釋。但在1953年出版的《寫作的零度》中，巴特用到的例子並不是阿蘭·羅伯－格里耶，而是阿爾貝·加繆(Albert Camus)，後者嘗試採用中性的、不帶情感的方式來寫作，巴特稱之為「寫作的零度」。薩特把加繆的空白書寫看作是拒絕表露政治傾向，但對於巴特來說，加繆的寫作和從福樓拜開始的自覺性文學的其他例子一樣，都在另一個層面具有歷史性：它們對於「文學」的反抗以及

圖4　《寫作的零度》(1953)出版時的巴特。

它們對於意義和秩序的假定。嚴肅的文學必須質疑它自身以及文化藉以規範世界的慣例，那裏有它巨大的潛力。但「沒有哪種寫作能一直保持革命姿態」，因為違反語言和文學常規的做法最終將被復原為一種新的文學模式。

巴特的第一部著作《寫作的零度》是一本怪異的批評論著。它很少提及文學作品，幾乎沒有任何相關的例子——唯一的引言來自共產主義知識分子羅傑·加洛蒂（Roger Garaudy）所寫的一部小説（名字沒有被提及）。後來，在收錄於《論拉辛》裏的一篇關於文學史的評論文章中，巴特批評文學史家，認為他們空有歷史研究方法，卻忽視了研究對象自身的歷史本質。我們在這裏看到了一個正好相反的問題：巴特強調了他的研究對象——寫作，或者説，文學功能——的歷史性，但他缺少一種歷史方法。他沒有具體解釋古典書寫這一説法，讀者必須自己來尋找例子。巴特既不分析，也不展示。他甚至都沒有答覆薩特（他沒有提到薩特的書）。[3] 他似乎是在實驗薩特的文學故事：對其進

3　在1971年的一次訪談（《回應》，第92–93頁）中，巴特談到，在《寫作的零度》中，他打算「用馬克思主義來改造薩特式的承諾」。不過，我們不能完全信任巴特在這段訪談中的回憶，因為他還聲稱，在1953年時，他從未聽説過莫里斯·布朗肖。但事實上，在《寫作的零度》中，布朗肖的名字公然出現：巴特引述了他關於卡夫卡的一段評論，並且引用了布朗肖論馬拉美的著作，作為他本人觀點的理論來源。

行修改，從而產生一種新的思路，以便思考文學史並評價福樓拜之後的文學寫作。

巴特在文學史領域的短暫涉足達到了三個目的。首先，他提出了「文學語言的政治和歷史影響」。寫作的政治重要性不僅在於政治內容或者作者明顯的政治傾向，而且也體現在文化對於世界的文學性規範過程中該作品所起到的作用。不過，巴特並沒有通過詳盡的分析向我們展示，人們如何才能確定實驗性寫作潛在的政治效果，但他提出，文學對於語言的探索以及對於既定代碼的批判釋放出了一種寶貴的烏托邦式的質疑力量。他最令人信服的說法是，既然連政治手冊也要通過間接的方式來產生作用，那麼對寫作的政治重要性進行評估就不會是件簡單的事。

其次，《寫作的零度》確立了一種總體性的歷史敘事，為思考文學提供了便利。巴特提出，一種非自覺的、表徵性的文學在1848年之後被一種自覺的、不易理解的實驗性文學所取代；後來，他把自己所建立的敘事脈絡變得更加複雜。在《S/Z》中，他區分了可讀與可寫：可讀文本是我們知道該如何進行閱讀的文本，它具有一定的透明性；可寫文本則體現出自覺意識，並且抗拒閱讀。這種新的歷史性區分與當代的閱讀實踐(而不是歷史事件)的聯繫更加明顯，但它的思想萌芽還是在古典書寫和現代書寫的區分中，巴特正是通過這一區分試圖來理解當代的文學創作的。

最後，巴特關注的是文學的符號——寫作如何暗指某種文學模式，這讓我們(同時也讓他自己)注意到意義彌散而強大的次級層面，之後他將繼續對此進行研究，只不過變換使用多種不同的說法。他把這種次級的意指行為稱為「神話」，而正是作為一名神話研究者，巴特開始在學界嶄露頭角。

第三章
神話研究者

　　在1954年至1956年間，巴特為《新文學》雜誌撰寫了一系列專題文章，每月一篇，題為《本月神話研究》。他寫道：「在關於當代生活的描述中，自然和歷史總是被混為一談，我痛恨這種做法。」在討論大眾文化的各個方面時，他試圖分析那些假裝成自然現象的社會慣例，揭開「習以為常的現象」背後潛藏的意識形態。《神話學》收錄了這些專題文章，並且加上了一篇題為《當今神話》的長文作為結尾。這是巴特最有趣和最容易理解的作品，但它提出了一個巨大的難題：巴特所說的「神話」究竟指什麼？

　　在許多例子中，巴特揭示了在看似自然的現象背後潛藏的意識形態因素，他在這些例子中所用的「神話」一詞，指的是一種有待曝光的欺騙。以《人類家族》為題對一些照片進行分析的一篇文章就是個很好的例子。巴特寫道，「其目的在於說明，世界各國的日常生活中人類行為所具有的普遍性」，同時提出，「出生、死亡、工作、知識、遊戲，總是在施加同一種類型的行為」，因此他要描述人性作為一個龐大家

族的各種表現形式(第173/100頁)。這一神話把它所宣揚的人類行為的多樣性比作是相貌和形體特徵在家族內的變化,從而掩蓋了社會和經濟條件的顯著差異,而人們正是在這些條件下出生、工作和死亡的。「這裏的一切⋯⋯都致力於壓制歷史的決定性因素」,所採取的辦法是在人類相貌、制度和環境等表面差異底下設置一種共同的人類本性。巴特認為,進步思想「必須一直牢記要顛倒這場古老騙局所使用的術語,不斷地鑿開自然及其『法則』和『限制』,從而在那裏挖掘出歷史,並最終確立作為歷史的自然」(第175/101頁)。

展出的每一張照片都代表着一幕人類場景,以這種方式聚集起來,它們獲得了次級的神秘意義,而這一意義正是巴特要曝光的對象。其他客體和實踐,甚至是那些最具功利主義色彩的做法,都以同樣的方式發揮作用,被社會慣例賦予了次級意義。例如,葡萄酒在法國不僅僅是一種飲料,而且是「一種圖騰加飲料,就像英國王室喝的荷蘭牛奶或茶,具有儀式性質」。它是「一種依靠脅迫達成的集體性道德準則的根基」。對於法國人來說,「對葡萄酒的信仰是脅迫之下的集體行為」,而喝酒則是一種社會融合的儀式(第75–76/58–59頁)。通過製造神話意義,文化試圖讓它們的規範以自然事實的面目出現。

整個法國沉浸在這種無名的意識形態中：我們的出版社、電影、低俗文學、儀式、司法、外交、日常交談、對於天氣的談論、謀殺案的審判、感人的婚禮、渴望品嘗的菜餚、穿的衣服。可以說，我們日常生活中的一切，都取決於人與世界之間的關係如何被表徵，而這正是資產階級擁有並且迫使我們也擁有的表徵……資產階級規範被當作了一種自然秩序的不證自明的法則。

第127–128/140頁

但是，如果「日常生活中的一切」都變成了神話研究者的領域，那麼神話就不僅僅是有待揭露的幻想，就像「人類的偉大家族」的神話那樣。雖然「葡萄酒的優點」是個神話，但它並不完全是種幻想。巴特注意到神話研究者的兩難境地：「葡萄酒客觀上是好的，但與此同時，葡萄酒的優良屬性是一種神話」（第246/158頁）。神話研究者關注的是葡萄酒的形象——不是酒的屬性或效果，而是由社會慣例附加在它身上的次級意義。巴特起初將神話視為一種幻想，但很快他就強調，神話是一種交流形式，一種「語言」，一種次級意義的體系，類似於他之前著作中討論的書寫。例如，埃貝爾(Hébert)的粗俗詞語作為語言符號具有初級意義，但更為重要的是它們的神話意義：粗俗被當作一種革命符號。《神話學》提供了另一個例

子：一個學生打開他的拉丁語法課本，發現了一個出自伊索寓言的句子，說到獅子要求得到最大份額，因為我的名字是獅子，他明白這些詞的初級意義遠不如這句話所傳遞的次級意義來得重要，即「我是一個在語法上用來說明謂語一致的例子」（第201/116頁）。我們或許會說，在文化中，一切都可以被當作例子：一條法國麵包同樣意指法國性。

正如巴特此時所強調的那樣，《寫作的零度》不僅是一種文學史上的嘗試，同時也是「對文學語言的一種神話研究。我在書中把寫作界定為文學神話的能指，也就是說，一種業已充滿[語言]意義的形式，它從這個時代的文學概念中獲得了一種新的意義」（《神話學》，第221/134頁）。不管寫作的語言內容是什麼，它意指一種對於文學形式的態度，因而也是一種對於意義和秩序的態度；它倡導一種文學神話，通過這一神話，它在這個世界獲得了一個角色。通過探討大量不太重要的行為所具有的意識形態作用，《神話學》向我們展示了文學神話是如何產生社會意義的。

巴特在這些文章中的目標各不相同。有時他把注意力轉向了某些產品，廣告宣傳賦予了這些產品相應的神話意義。他談到雪鐵龍汽車的最新款式、20世紀50年代出現的塑料的形象，以及以肥皂粉和清潔劑為主角的特殊的戲劇場景：清潔劑「殺死了」污垢和細菌，而肥皂粉則讓污垢消散，把物品從難以察覺、難

以捕捉的敵人手中解救出來。「說奧妙能做到深度清潔就是假定那塊亞麻布具有深度,之前沒人想到過這一點」(第39/37頁)。巴特討論的內容還包括:「《旅遊指南》所珍藏的世界」這一構想、媒體對待忠誠的態度、飛碟、愛因斯坦的大腦,以及其他神話事物。巴特把習以為常的意義寫出來,用嘲諷的語氣強化這些意義或者思考它們的潛在影響,然後用簡短的一句話收尾;他會提到政治或經濟方面的關鍵問題,從而把我們從神話中硬拽出來。

巴特給人留下最深刻印象的關於次級文化意義的分析出自《神話學》的第一篇文章《摔跤世界》。為了說明類別和區分(通過這些類別和區分,文化得以將意義賦予各種行為),人們可以比較在肢體方面相近的兩種活動,比如摔跤和拳擊。比較的結果顯示,不同的慣例分別在這兩種運動中起作用,從而產生不同的神話意義。我們可以想像,這兩種運動在另一種文化裏可能屬於同一種神話,人們以同樣的方式來觀看這兩種運動。但在我們的文化裏,這兩種運動之間顯然存在觀念差異,這種差異有待解釋。為什麼人們就拳擊比賽(而不是摔跤比賽)的結果打賭?為什麼當一個拳擊手像摔跤選手那樣大聲叫喊並且痛苦地打滾時,會顯得很怪異?為什麼在摔跤比賽中,選手總是違反規則,而在拳擊比賽中卻不會出現這種情況?要想解釋這些差異,就需要一整套複雜的文化慣例,

這些慣例把摔跤比賽變成了一種景觀，而不僅僅是一種競賽。

巴特認為，拳擊是一種詹森主義(Jansenist)運動，其基礎是證明自身的優秀性：觀眾的興趣在於最終結果，他們把拳擊手表露的外在痛苦僅僅解讀為一種即將臨近的失敗的符號。摔跤則正好相反，它是一種戲劇表演，每個時刻都必須作為景觀來解讀；摔跤選手本身是以道德角色出現的誇張形象，出於這個原因(即這場表演的戲劇性意指行為)，觀眾才會關注比賽結果。因此，在拳擊比賽中，規則外在於比賽，對比賽加以限制；而在摔跤比賽中，規則很大程度上內在於比賽，作為慣例，它增加了可能產生的意義。規則存在的目的就是為了讓人違反，扮演「混蛋」角色的摔跤選手看起來更加狂暴，同時觀眾也帶着報復和憤恨的情緒投入了比賽。選手當着觀眾的面違反規則(雖然裁判會轉過身去)：不讓觀眾發現的違規行為毫無意義。痛苦必須被誇大。事實上，正如巴特向我們展示的那樣，把摔跤和拳擊區分開來的主要因素就是可理解性和公正的觀念，這些觀念讓摔跤變成一種浮誇的表演，從根本上確保它以一種景觀的面目出現。

出於幾點理由，巴特對摔跤特別感興趣：它是一種大眾娛樂，而不是資產階級的消遣行為；它偏好場景，而不是敘事，它沉迷於那些戲劇化的意指姿態；而且，它毫不掩飾自己的人為特質，不僅在於那些痛

苦、憤怒和悲傷的符號，就連它的結果也是如此：聽到比賽被操縱的消息，沒有人會感到震驚。此後，在他關於東方的神話研究(即《符號帝國》)裏，巴特稱讚日本的日常生活中所展現出的人為特質——禮儀精緻，偏好表面勝過深度，拒絕(至少在一個西方人眼中如此)把自然作為實踐的根基。「如果語言也有『健康』，那麼它的根基就是符號的任意性。神話的病症在於求助於一個虛假的自然」(《神話學》，第212/126頁)。

　　神話隨時都準備好了「藉口」：它的實踐者一再否認有次級意義牽涉其中，他們聲稱，穿某些衣服是因為舒適或耐穿，不是因為意義。但不管他們如何否認，神話意義一直在起作用。巴特舉了一個更富政治色彩的例子，在《巴黎競賽》雜誌某一期的封面上，他看到一個黑人士兵穿著法軍制服，目光緊盯着國旗，正在敬禮。這是意指行為的第一個層面：封面上的形體和色彩被解讀為一個黑人士兵穿著法國軍服。巴特寫道：「但或許我有些天真，我清楚地意識到了這幅照片向我傳遞的意指效果：法國是個巨大的帝國，她的所有子民，不分膚色，都在她的旗幟下忠誠服役；這個年輕的黑人在為所謂的壓迫者服役時展示出的熱忱，就是對於那些殖民主義的批評者最好的回應」(第201/116頁)。法國軍隊裏確實存在黑人士兵，這一事實讓這張照片顯得更自然，或者說，更無辜；

為它辯護的人可以說，這只是一張黑人士兵的照片，僅此而已；就像穿皮衣的人堅持認為，他們只是想着保暖而已。這個慣用藉口反映出一種狡詐，巴特認為，這是神話中我們最需要反對的內容之一。

一個糟糕的事實讓巴特對此更加厭惡：當神話研究者分析那些習以為常的事物並且指明神話意義的時候，他本人和他所攻擊的對象卻是在合謀。巴特把現代汽車稱為「足以與偉大的哥特教堂相提並論的事物：我的意思是，它們都是一個時代的偉大創造；無名藝術家滿懷激情構思出這樣的事物；所有人都把它們看作是一種純粹的魔幻事物，人們消費的是它們的形象，而不是使用價值」（第150/88頁）。巴特對我們所處的時代展開批評，但同時他也為神話做出了貢獻。1971年，巴特注意到，僅僅對神話加以分析和譴責並不夠：人們要做的不是提倡一種健康的使用符號的方法，而是設法消滅符號本身（《意象、音樂、文本》，第167頁）。這樣做是否更為有效？我們可以根據《神話學》出版後產生的影響來做出判斷——消除神秘性的努力並沒有真的消滅神話，而是賦予了它更大的自由。過去，當人們指責政治人物想方設法宣傳自身形象時，政治人物會感到尷尬，但隨着消除神話的嘗試日漸頻繁，他們面對這種指責的時候不再覺得那麼尷尬了。現在一位候選人的助手甚至公開談論，他們正如何試圖改變政治領袖的公共形象。再舉個例

子，一些專題文章把某些事物當作特定生活風格的符號，這種揭示並不會消除它們的神話效果，反而在總體上讓它們變得更吸引人。巴特描述了這種文化機制在文學中的運作方式：最堅決的反文學性運動並沒有消滅文學，而是形成了一種新的文學流派。非文學領域也有着同樣的機制。揭露一位總統如何操縱事件來創造形象並無法消滅這一形象，反而產生了次級意義的新的可能性：我們可以不把總統的行為或決定當作一個政策符號，甚或為鞏固他的形象所做的努力，而是將其看作一個表明他在意自身形象的符號。神話變化多端，或許它根本就是不可戰勝的。

巴特的《神話學》開創了消除神話的先河，他曾希望這樣的努力能產生政治效果。1953年，他提出，分析神話「是知識分子採取政治行動的唯一有效途徑。」[1] 雖然他後來更傾向於放棄神話研究者的反諷或嘲弄，改為對符號進行徹底批判，但是他在20世紀70年代所寫的作品依然保留了神話研究者對於次級意義的迷戀；日常生活的神話成了一種寫作資源，而不是採取政治立場的機會。他在接受採訪時談道：「在日常生活中，我對於見到和聽到的一切都感到好奇，可以說這是一種智識上的偏好，同時也是準小說期望得到的結果」（《訪談錄》，第192/203頁）。

1　巴特，《主人與僕人》，《新文學》雜誌，1953年3月號，第108頁。

對於巴特來說，準小說等於小說減去故事和人物：由敏銳的觀察所組成的片段對世界(作為次級意義的載體)所作的詳細描述。這種準小說式的對於細節的關注讓《神話學》顯得生氣盎然，在後來的《戀人絮語》和《羅蘭‧巴特自述》中，巴特再次採取了這種方法：前者描述了愛情神話(即作為模式化文化表述的戀人話語)，後者對日常生活進行了反思。巴特注意到，就連談論天氣都具有神話性的次級意義：在和麵包房的婦女談論天氣的時候，巴特說「光線如此美麗」，但對方沒有回應，由此巴特意識到天氣才是最能體現文化特色的細節：「我意識到覺察到光線與一種階級性的鑒賞力有關，或者說，麵包店的那個女人當然也會喜歡某種『迷人』的光線，這麼說來，受到社會標記的就是『模糊』的景色，沒有輪廓、沒有對象、沒有成形的景色，即透明的景色」(第178/176頁)。人們或許會說，光線在客觀上是美的，但光線的美感是一種神話，在某個文化群體所秉持的慣例中，瀰漫着這樣的神話。這就是神話研究者的發現：關於日常世界的最「自然的」評論其實取決於文化代碼。正如帕斯卡所言，如果習俗是第二天性，因為它公然出現在這些裝成自然的文化之中，那麼或許可以說，天性只不過是第二習俗。

第四章
批評家

　　儘管有着許多離經叛道的行為，巴特還是花費了大量時間去完成批評家的傳統任務——對作家的成就進行闡釋和評估。他寫了許多前言和導論，點評的對象既有當代的實驗性寫作，也有經典的法語作品。他最重要的批評作品可以分為兩大類：一類是他的著作，他在書中分析了某個作家(比如，米什萊、拉辛和薩德)的全部作品；另一類是他為了宣揚先鋒派作家(比如，布萊希特、羅伯–格里耶和索爾萊斯)所寫的文章，他在這些文章中滿懷激情地提出了文學在當代的特定任務。

　　巴特向來善於製造驚奇，他早期所寫的關於米什萊的著作展示了他在這方面的天賦。《寫作的零度》稱讚了具有自覺意識的現代主義文學，人們因此以為巴特接下來會轉向加繆或者布朗肖——在他的同時代人中，這兩位一直都在嘗試他所描述的反文學性的文學。然而，巴特卻選擇了儒勒·米什萊(Jules Michelet)，19世紀早期一位多產的通俗歷史作家。米什萊是個風格多變的作者，同時也是個熱忱的愛國者

兼法國大革命的崇拜者。此外，他對於古怪神秘的中世紀也情有獨鍾，在他所創作的多卷歷史作品中記錄了這一時期的故事。在米什萊的作品中，找不到任何巴特倡導的自覺約束，但他卻是巴特最喜歡的作家之一(另兩位是普魯斯特和薩德)。巴特自稱，他在療養院的時候讀了米什萊的全部作品——這是個艱巨的任務——並且摘抄了所有讓他感到愉悦或者給他留下深刻印象的句子。「排列這些卡片的時候，有點像人們在玩一副牌，我忍不住想要描述這些主題」(《回應》，第94頁)。

這些描述最後變成了《米什萊》(1954)，書中探討了巴特在《寫作的零度》中所說的風格：在米什萊的虛構世界中呈現出的「各種痴迷情形所組成的有序網絡」。他沒有理睬米什萊的思想，而是偏好他所謂的「存在主義主題」，即他的寫作對於某些物質和屬性的強調，包括鮮血、溫暖、冷淡、豐富、平滑、液化(論法國大革命的一個著名片段把冷淡的、了無生氣的羅伯斯庇爾與溫暖的、充滿活力的暴民進行了對比)。巴特寫道，「把米什萊的存在主義主題去除之後，就只剩下一個小資產階級」，不值得關注(第88/95頁)。

《寫作的零度》強調文學形式的意識形態功能，而《米什萊》則拋開這樣的問題，轉而描述一個由對立的屬性和物質所組成的宇宙。因此，巴特所寫的這

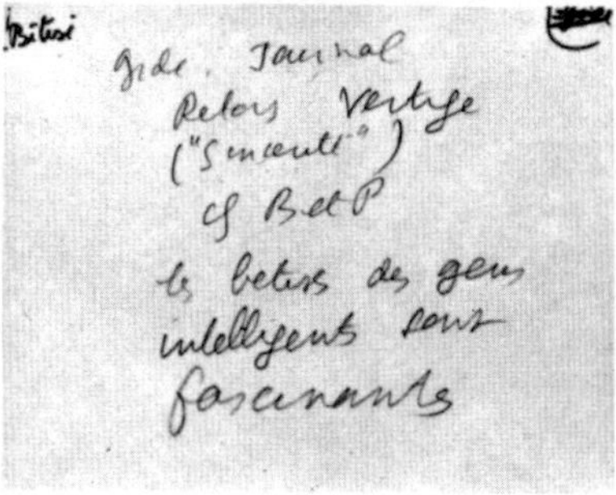

Reversal: of scholarly origin, the note follows the various twists and turns of movement.

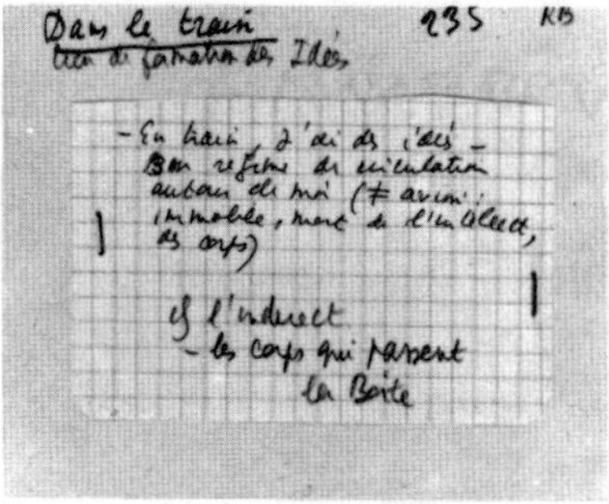

. . . outside . . .

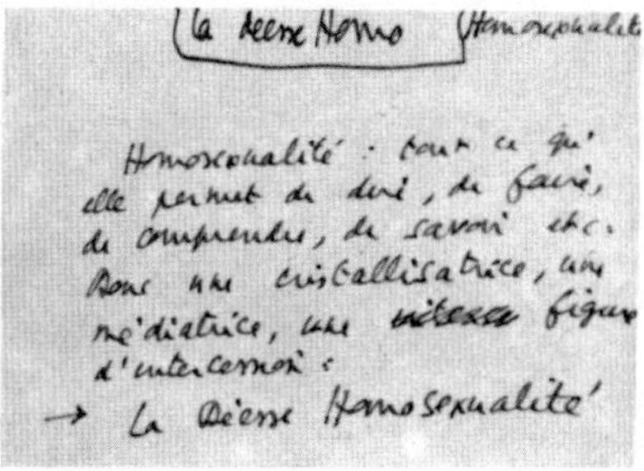

圖5　筆記。

部著作與法國批評的發展有着緊密聯繫：當時，加斯東·巴什拉提出了通過對於四種元素(土、氣、火、水)的「精神分析」，可以總結出一套範式，用來討論物質對於詩學和非詩學思維的重要性。巴特聲稱他沒有讀過巴什拉(這的確很有可能)，但巴特的作品可以看作是日漸壯大的現象學批評的一部分，這一批評不是把文學作品看作有待分析的人工製品，而是看作意識的呈現：對於世界的意識或者體驗，讀者被邀請加入其中。當時，喬治·布萊(Georges Poulet)的《人類時間研究》(1950)和《內在距離》(1952)剛出版不久。讓·斯塔羅賓斯基(Jean Starobinski)剛剛出版了《孟德斯鳩》(1953)，這本書與巴特正在寫作的《米什萊》屬於同一套叢書。次年，現象學批評中所謂的「日內瓦學派」的另一位成員阿爾貝·貝甘(Albert Béguin)出版了這套叢書中的另外兩本(論帕斯卡和貝爾納諾斯)。或許最為重要的是，同期出版的讓–皮埃爾·理查德(Jean-Pierre Rochard)的《文學與感知》公開提出了《米什萊》所隱含的假設：「一切事物始於感知，肉體、客體和氛圍構成了對於自我來說最為重要的空間。」正是在這裏，在身體感知中，出現了文學形式、主題和意象。

《米什萊》的推出似乎是現象學批評所掀起的新浪潮的一部分，但是從巴特的後期作品來看，《米什萊》有兩個顯著特點值得注意。首先，巴特所採取

的方法使他能夠將米什萊的寫作變成一系列視覺片段，他沒有把寫作的興趣與連貫性、發展和結構相聯繫——這些都是米什萊（作為一名歷史學家）的作品不容否認的特徵——而是把它與文本片段的愉悅，與讀者從零星的句子及其意象中能夠得到的愉悅聯繫在一起。其次，這種文本愉悅（它引導巴特把這些文本作為研究對象，以間接的方式來評論）與身體有關。寫作與身體對於空間和物質的經驗之間產生了聯繫。

後來，巴特尤其關注他本人的寫作與身體經驗之間的關係，彷彿身體感知可以被當作起源或依據。[2] 雖然現象學批評關心的是體驗或現象的顯現（世界作為它呈現在意識面前的樣子），它卻使批評家把他們要討論的身體感受當作了一種自然依據。經過高度加工的人工製品被追溯到基礎的、前反思的感知，後者被當作一種自然起源。巴特最銳利、最有成效的作品反對那種將文化變成自然的神秘化傾向。考慮到他在後期作品中策略性地將身體作為寫作的依據，我們就不得不提出這樣的問題：這是否也是同一種類型的神秘化操作？表面看來，《米什萊》與巴特在1954年所顯露的

2　巴特談到，他喜愛「寫作行為」：「寫作是手，寫作是身體：是它的衝動，它的控制機制，它的節奏，它的重量，它的滑動，它的複雜狀況，還有它的閃躲——簡而言之，寫作不是靈魂，而是承載著慾望和無意識的主體」（《訪談錄》，第184/193頁）。他還說，較早時期的作家也「可能呈現先鋒派風格」，「只要是身體而不是意識形態在寫作」（第182/191頁）。具體分析參見第八章。

文學與政治傾向相去甚遠，但它所探尋的立場在他後來的作品中將再次出現。

　　和《米什萊》一樣，《論拉辛》也把重點放在一個虛構的世界，但它既不是一種痴迷於句子和片段的寫作，就像《米什萊》那樣，也不是一種以物質和屬性為重點的現象學描述。相比拉辛的語言和想像，巴特對於束縛人物的悲劇性宇宙更感興趣，他用「一種溫和的精神分析語言」，展開了「對於拉辛筆下人物的人類學研究」。他問道：什麼樣的生物居住在這個悲劇性的宇宙中？他把這些戲劇疊合在一起，把它們看作是拉辛的悲劇體系所呈現出的不同面貌，並且試圖辨認出其中的根本關係，正是這種關係創造了戲劇處境和人物。他特別強調權威、敵對和愛這三種關係的結合，這些關係可以在原始人群的神話中找到，弗洛伊德等人已經對此有所論述：兒子們團結起來，殺死了統治他們並且不許他們娶妻的父親，他們最終建立了一種社會秩序（以及亂倫禁忌）來控制他們之間的敵對狀態。「這個故事，雖然是虛構的，卻是拉辛戲劇作品的全部」（第20/8頁）。把所有的戲劇作品組合在一起，構成一部宏大的悲劇，「你就會發現這個原始人群中的人物和行為……只有在這個古老寓言的層面上，拉辛的戲劇作品才能找到它們的一致性。」在表層之下，「陳舊的基石就在那裏，隨手可得」，這

些人物正是根據他們在力量的總體分佈中所佔據的位置來獲取他們各自的屬性的。

在《文藝批評文集》中，巴特提出，作家「假定意義的存在，也就是說，作家創造形式，由世界來填充其中的內容」（第9/xi頁）。這種看法把批評當作一種填充的藝術，或者我們應該說，為了和巴特把作家視為公共實驗者的看法保持一致，批評家以填充的方式進行實驗，以作家或作品為對象，嘗試各種可能的語言和背景。這就是巴特在《論拉辛》中所持的觀點：「讓我們以拉辛為對象進行嘗試，得益於他的沉默，我們可以嘗試本世紀所有可供使用的語言」（第12/x頁）。拉辛保持「沉默」，因為他創造了形式，這些形式假定但並不決定意義。他的戲劇是「一個空洞的場所，永遠向意指意義開放」。如果說他是最偉大的法國作家，那麼「他的天賦並不在於讓他獲得成功的那些長處，而是在於獨一無二的保持無限可能的技藝，這種技藝讓他永遠停留在任何批評語言的應用範圍之內」（第11/ix頁）。

把偉大的法國經典稱為「一個空洞的場所」，這是一種刻意為之的無禮舉動，就像巴特嘗試用精神分析語言來描述這位作家一樣，要知道後者通常被認為是純正、端莊和智巧的典範。這樣做的結果就是，巴特為我們奉上了一種極具爭議的、混雜的解讀，他把

自己感興趣的三種方法(對於虛構宇宙的現象學描述、對於體系的結構性分析，以及對個別作品進行新的主題性闡釋時對於當代「語言」的利用)生硬地結合在一起。結果，他對「陳舊的基石」的描述變成了結構性分析，他尋找的不是屬性，而是差異和關係，這樣一來，他對於虛構世界的描述就喪失了許多現象學的特色。同樣，他試圖利用神話和精神分析的語言對每部戲劇進行不同尋常的主題性解讀，但這種嘗試破壞了他的結構主義分析，後者把這些戲劇當作一個由形式規則所組成的體系的產物。《論拉辛》是一部充滿爭議的作品，每個讀者都會從中得出自己關於拉辛的想法；同時它向公眾展示，文學批評(或者至少說新批評，即受到理論啟發的批評作品)也可以成為迷人的閱讀體驗，但對於巴特或其他人來說，這並不是一個理想的範式。

在《薩德、傅立葉、羅尤拉》中，巴特再次把作家的全部作品當作一個體系，他強調並修改了《論拉辛》曾經嘗試過的兩個方面。巴特認為人們可以總結出一個作家全部作品的「語法」，找出其中的基本要素和結合法則，這是他從語言學借鑒來的想法，但在《論拉辛》中，這個想法變得相對不太重要，它體現了作品背後潛藏的簡化傾向。在《薩德、傅立葉、羅尤拉》中，語言學類比完全發揮了自身的作用：這三位作家被當作「logothetes」，或者說，特殊「語言」

的創造者。薩德對於性冒險不厭其煩的敘述，傅立葉創造的烏托邦社會，羅尤拉對於精神修煉的提議，都展示了對於區分、排序和分類的癖好；它們建立起類似語言的體系，在它們所表述的領域中產生意指行為。

巴特寫道：「在薩德的作品中有一種情慾的語法，一種色情兼語法體系，包括色情要素和結合規則」（第169/165頁）。對於薩德來說，情慾想要「根據精確的規則，把特定的邪惡行為結合在一起，以便從這些行為系列和行為集合中創造出一種新的『語言』，這種語言不再是口頭的，而是通過行為來表達，這是一種罪行的語言，或者說，一種新的愛情代碼，和優雅的愛情代碼一樣精緻」（第32/27頁）。情慾代碼的最小單位是姿態，「最小的可能性結合，因為它聯繫的對象只有一個行為和它的身體作用點」。除了性姿勢之外，還有多種「操作因素」，比如：家庭關係、社會等級和生理變量。姿態可以相互結合，構成各種「操作」，或者說，構成複合性的情慾場景。當運作隨着時間流逝而發生變化時，它們就變成了「人生片段」。「所有這些單位，」巴特繼續寫道，

> 都要遵循結合或複合的規則。這些規則能夠很輕鬆地將情慾語言形式化，就像語言學家所用的「樹狀結構」一樣……在薩德的語法中，有兩條基本規則；此外，還有常規步驟，敘述者根據這

些步驟來調用他的「詞彙」（姿態、形體、片段）的基本單元。第一條規則是窮盡原則：在一次「操作」中，應該盡可能地同時實現最大數量的姿態……第二條規則是互惠原則……所有的功能都可以交換，每個人都可以並且應當輪流充當施動者和受害人，輪流充當鞭打者和被打者，輪流充當餵糞者和食糞者。這是一條核心原則，一方面因為它讓薩德的情慾語言真正變成了一種形式語言，在這種語言中只有行為類別，沒有人的分類，這極大地簡化了語法；另一方面因為它讓我們無法根據性角色來劃分薩德的社會。

第34–35/29–30頁

除了讓語言學範式發揮更充分的批評作用，《薩德、傅立葉、羅尤拉》修改了《論拉辛》的另一個方面。在前一部作品中，巴特使用性語言或者精神分析語言來分析拉辛及其劇中的人物，這種做法可以看作是一種嘗試，他想讓崇尚拉辛式典雅風格的法國公眾感到震驚。但在《薩德、傅立葉、羅尤拉》中，巴特表明他特別感興趣的是當不協調的語言相互接觸時所產生的效果，比如語言學的專業術語與薩德的性慾描寫相互摩擦時所出現的情形。這不是對文化豐碑的嘲弄，而是對不同語言相結合的效果進行實驗。[3]

3　參見《文之悅》。根據書中的說法，讀者通過各種群體語言的同居，

與《米什萊》和《論拉辛》一樣，《薩德、傅立葉、羅尤拉》表明，嘗試用本世紀的語言來分析某位作者，並不是要說明他的作品關係到當前的實際問題，從而使這些作品變得與我們「相關」。那種做法屬於主題性研究，比如關注拉辛的愛情心理學或者米什萊的政治觀點。與此相反，巴特對於當代語言的實驗在總體性上強調了他所研究的寫作文本的怪異特質——米什萊的迷戀，拉辛的幽閉宇宙，薩德、傅立葉、羅尤拉三人對於分類的狂熱。巴特寫道，最後這三個人沒有一個「能讓人忍受，他們每個人都使愉悅、快樂和交流取決於一種沒有變化的秩序，或者(更糟糕的情況下)取決於一種結合的體系」(第7/3頁)。巴特在對這些作品進行分析時並沒有找出相關的主題，而是想要把文本從不同作者(傅立葉、羅尤拉、薩德)的視野和目的(社會主義、信仰、邪惡)中「解放出來」，並且盜用它的語言，「把文化、知識和文學的舊文本變成碎片，並且將它的特徵散佈到難以辨認的表述中去，就像人們在掩飾盜竊來的物品時所做的那樣」(第15/10頁)。這顯然是一項不同尋常的批評計劃，它對於怪異的特質遠比熟悉的內容更感興趣，並

達到「醉」(極端文本所提供的愉悅感)的境(第10/4頁)。巴特說，他在薩德的作品中發現了這種「語言同居」：「相互對立的代碼(比如高貴與瑣碎)發生接觸，創造出浮誇、可笑的新詞彙；用於表達色情訊息的句子如此純淨，可以用作語法範例」(第14/6頁)。巴特的解讀(又加上了一種語言用法)強化了此類碰撞所產生的效果。

且在碎片中找到了愉悅。引人注意的是，巴特無意去描述個別作品的輪廓或架構。他盜用這些作家的語言，目的不是在於闡釋和評價這些業已完成的作品，而是在於闡明寫作的實踐以及這些實踐對於意義和秩序的潛在影響。

在巴特身為批評家所從事的另一項主要活動(即他對於某些先鋒文學實踐的宣揚)中，這一點也很明顯。他的最初事業是一種戲劇書寫，20世紀50年代，他在布萊希特身上發現了文學形式的社會用途。在大學裏，巴特創立了一個演出希臘戲劇的團體。戰後，他又協助創辦了《大眾戲劇》雜誌，抨擊當時的商業劇，倡導關注社會和政治話題的戲劇。薩特曾寫過政治戲劇，但巴特試圖構想出一種在語言和形式上並不簡單化的政治戲劇。1954年，當布萊希特帶着他的柏林劇團來到巴黎的時候，巴特找到了他心目中的英雄。據他透露，「《大膽媽媽》的現場演出以及節目單中布萊希特論戲劇的一段話讓他熱血澎湃」(《訪談錄》，第212/225頁)。1971年，巴特寫道：「布萊希特對於我依然極為重要，現在他不怎麼流行了，他一直都沒有成為先鋒派的一員，雖然人們曾經想當然地以為他會加入，但這反而讓他變得更為重要。我之所以把他視為典範，不是因為他的馬克思主義文藝觀，也不是因為他的審美觀念(雖然這兩點都很重要)，我所看重的是這兩者的結合，也就是將馬克思主義分析

與關於意義的思考結合在一起。他是一個對符號的效果進行過深入思考的馬克思主義者：這非常罕見」（《回應》，第95頁）。

布萊希特提供了巴特一直在尋找的新的戲劇實踐，同時也提供了一種理論視角，幫助巴特來解釋西方傳統戲劇的問題所在。雖然巴特歷年來關於戲劇的論述中沒有提及布萊希特的名字，但這些文字體現了布萊希特的陌生化(或者說，異化)概念。巴特的基本看法是，戲劇要想產生效果，需要的不是與主要人物產生移情性認同，而是要保持一定的批評距離，使我們可以判斷和理解他們的處境。巴特認為，在布萊希特的《大膽媽媽》中，「重點就在於告訴那些把戰爭當作命中劫數的人們，比如大膽媽媽，其實戰爭就是一種人類現象，不是宿命……因為我們看到了大膽媽媽缺乏理性判斷，我們看到了她沒有看到的潛在因素……通過這種戲劇化的吸引觀眾的手段，我們就明白，正是她所沒有看到的潛在因素讓大膽媽媽成為了受害者，而這個潛在因素是一種可以挽救的罪惡」（《文藝批評文集》，第48–49/334頁）。

另一個例子：在伊利亞‧卡贊(Elia Kazan)導演的電影《碼頭風雲》中，觀眾對於主演馬龍‧白蘭度(Marlon Brando)的認同減弱了這部影片的政治力量，雖然腐敗的工會被挫敗，大人物也被加以嘲諷，但到了

電影末尾，當白蘭度站到僱主和體系一邊時，我們也和他一起站了過去。巴特寫道：

> 這裏我們應該採取布萊希特所提出的去除神秘性的方法，來分析我們與影片的主角取得認同所產生的後果……正是這幕場景中的參與性在客觀上使它成為神秘化過程的一部分……現在，布萊希特提出異化方法，正是為了要抗拒這樣的機制所帶來的危險。如果是布萊希特擔任導演，他會讓白蘭度展現出他的天真，讓我們明白，雖然我們可以哀其不幸，但更為重要的是，要察覺導致這些不幸遭遇的原因，並且找出補救措施。

《神話學》，第68–69頁／《埃菲爾鐵塔》，第40–41頁

從布萊希特身上，巴特學到了三點。首先，布萊希特從認知(而不是情感)的視角來看待戲劇(這可以推及到他對待整個文學的態度)，因此他強調意指意義的機制。他質疑統一場景這個概念，告訴巴特「表述的代碼必須相互分離，從膠着的有機狀態(這是傳統西方戲劇所秉持的觀念)中鬆脫開來」(《意象、音樂、文本》，第175頁)。「戲劇藝術的責任並非在於表述現實，而是在於意指現實」(《文藝批評文集》，第87/74頁)。在道具、服裝、姿態和演出手段方面，不要想着「自然表達」。用幾面旗幟來意指一支軍隊勝

過用數千面旗幟來真實地表現。

其次，戲劇應當探索符號的任意性，讓觀眾注意到符號的人為性質，而不是對其加以掩飾。這是布萊希特提出的陌生化原則的巴特版本。演員們在演出拉辛的戲劇時，應該像朗誦詩歌一樣來唸他們的台詞，而不是讓這種形式化的、高度有序的語言看起來像是心理狀態的自然表露。巴特引述並贊同布萊希特的想法，認為演員在唸台詞的時候，不要裝作他們就是人物本人在即興發言，而是要演得「像是在引用別人的話」。他讚賞許多大膽表露虛構本質的戲劇實踐，從《神話學》中描述的職業摔跤的場景到《符號帝國》中大肆讚揚的日本歌舞伎和文樂木偶戲表演。他提出，任何戲劇作法只要放棄了以人物和心理狀態為重點的戲劇理念，轉而將人物處境和外在表現作為重點，都會具備消除神話的政治潛力。演員、劇作家和製作人應該注意巴特最喜歡的口號：我指着我的面具前進。

第三，「布萊希特肯定了意義，但沒有加以填充」（《文藝批評文集》，第260/263頁）。他的陌生化技巧被用來創造「一種意識（而非行動）的戲劇」，或者更確切地說，他的戲劇是關於「無意識的意識，那些遍佈舞台的無意識的意識——那就是布萊希特的戲劇」，讓觀眾意識到問題，但不像政治宣傳那樣提倡某種解決方案。即使這種看法不完全符合布萊希特

的戲劇觀，這至少反映了巴特本人的文學設想，重要的不是告訴我們，某些事物意味着什麼，而是讓我們注意到意義如何產生。巴特的戲劇評論體現了這一看法，他使用的語言採用了一些根本性的對比：表面與深度，外在與內在，輕與重，批評距離與移情性認同，面具與人物，符號與現實，不連貫性與連貫性，空洞或含混與意義的充實，虛構性與天然性。能夠以輕巧的風格來獲取政治效果嗎？布萊希特似乎為我們提供了這種可能性。

就在布萊希特讓巴特感到「熱血澎湃」的同時，他也成為了小說家阿蘭‧羅伯–格里耶的堅定支持者，《文藝批評文集》中有四篇文章以羅伯–格里耶作為評論對象。巴特宣稱：「終我一生，讓我感到痴迷的是人類如何讓世界變得可以理解。」羅伯–格里耶的小說探索了這一過程，他的作品以一種英勇但徒勞的方式，想要消滅意義，從而讓我們注意到我們已經習以為常的、讓事物變得可以理解的方式。在《寫作的零度》中，巴特提出，採取一種書寫——「一種設想文學的方式」，「文學形式的一種社會用途」——具有潛在的政治影響。形式實驗可以成為一種承諾的模式，就像嘗試寫作反文學性的文學，並取得寫作的零度那樣。加繆對於文學的反叛並沒有走多遠，因為他把世界的無意義變成了一個主題。事物依然具有意義：它們意指「荒誕性」，讀者和評論家迅速採納了

這個詞。在巴特看來，羅伯-格里耶在嘗試一種更為激進的做法，想要破壞我們關於可理解性的假定並且阻撓我們的常規闡釋步驟，從而達到清空意義或者將其暫時擱置的目的。那些沒有必要的詳盡描寫、空洞的人物和不確定的情節乍看之下難以卒讀，換句話說，根據我們對於小說和世界的傳統假設，這些內容難以理解。但是羅伯-格里耶「拒絕故事、逸事、動機心理學和事物的意指意義」，在巴特看來，這樣的做法向我們的經驗秩序發起了強有力的挑戰。

> 既然……事物被掩埋在各種意義之下，而人們通過鑒賞力、詩歌和[語言的]不同用法把這些意義滲透到每個客體的名字中，那麼某種意義上，小說家的工作就是為清除意義而努力：他把人們不斷施加在事物之上的不恰當的意義從事物那裏清除。如何做到這一點？顯然是通過描述。因此，羅伯-格里耶對於物體的描述非常精確，足以阻止詩性意義的引入；同時他的描述也非常詳盡，破壞了敘事的魅力。

> 《文藝批評文集》，第199/198頁

這段論述強調了兩點。首先，巴特把羅伯-格里耶的作品，連同作品中以阻止意義為目的的描述，看作是完全表面的文本。傳統上，深度和內在性被認為是小

說的領域，小說要深入人物內心，潛入社會內部，以獲取其中的本質，並相應地選擇細節。羅伯–格里耶的讀者試圖揣摩人物的心理和動機，並且對細節進行闡釋，但這對於深入理解作品並無幫助：只不過讓這些文本變得平常乏味罷了。

其次，巴特稱讚羅伯–格里耶，因為後者採取了一種特殊的書寫，「破壞了敘事的魅力」。通常小說都包含故事：讀小說就是要遵循某種故事發展。令人驚訝的是，巴特對於故事毫無興趣。他喜歡狄德羅、布萊希特和愛森斯坦，因為這些人都偏好場景勝過故事，偏好戲劇場面勝過敘事發展。巴特喜歡片段，設計了各種方式把具有敘事連貫性的作品變成片段。不過，在羅伯–格里耶的小說中，巴特找到了抗拒敘事秩序的文本。例如，要想把一個故事拼湊起來，從而判斷出哪些是「真正發生」的事，哪些是記憶、幻覺或敘事者的插敘，這往往很難。讀者花費了很大力氣來組合一個故事，這一過程迫使他們意識到達成敘事秩序的困難；但如果人們真的組成了一段敘事，就等於否定了對敘事的挑戰，沒有抓住其中的關鍵。

巴特對這兩種策略(消除深度和打亂敘事)尤其感興趣。他早年所寫的文章《客觀文學》和《沒有想像力的文學》極力稱讚喜歡描寫瑣碎事物的羅伯–格里耶，認為後者完全投身於對事物進行客觀的、非人性化的描述，而那些事物就簡簡單單地在那裏存在着。

但隨着讀者逐漸熟悉羅伯–格里耶的小說，他們顯然能夠把這些文本復原成文學作品，並且得出它們的意義，尤其是通過設想一位敘事者。如果作品中的片段被看作是一位受到困擾的敘事者的思緒，那麼那些最機械化的描述，最令人困惑的反復或脫漏，都具有了某種意義。帶有精確的重複描述的《嫉妒》可以被看作是一位患有妄想症的、痴迷的敘事者對於周圍世界的感知。《在迷宮裏》可以被解讀為一位患有健忘症的敘事者所說的話。在他的作品裏，我們得到的不是「客觀文學」，而是一種關於主體性的文學，整部作品完全發生在一位精神不正常的敘事者的頭腦裏。

巴特曾接受邀請，為一本關於羅伯–格里耶的研究著作撰寫序言——這本書恰恰做了巴特在文章裏強調的不該做的事：重構情節、假定敘事者、辨認象徵模式和提供主題性闡釋——巴特採取了一個不同的立場。他在《羅伯–格里耶的位置？》一文中提出，有兩個羅伯–格里耶：一個是客觀主義者，另一個則是人文主義者(或者說，主體論者)。他可以從任何一個方面來解讀，「最終起作用的是這種含混性，這關係到我們，這承載著他的全部作品中的歷史意義，雖然這些作品看似拒絕歷史。這種意義是什麼？就是意義的對立面，也就是說，是疑問。事物究竟意指什麼？這個世界究竟意指什麼？」(《文藝批評文集》，第203/202頁)。「羅伯–格里耶的全部作品成了某個社會

所經歷的意義的磨難」，社會與這些作品之間的關係變化說明了這一點。

巴特在《文藝批評文集》的序言中寫道，文學的任務並非如人們通常以為的那樣，要把不可表述的內容表述出來，那樣的文學將淪為他所鄙夷的「靈魂文學」。文學應該嘗試「把可以表述的內容變得難以表述」，要質疑我們自動傳遞或接受的意義。因此，羅伯–格里耶對於巴特來說具有典範性，後來收錄在《作家索爾萊斯》中的多篇文章又把另一位先鋒派散文的創始人菲利普‧索爾萊斯(Philippe Sollers)塑造成同樣的角色，認為他試圖反書寫在之前的話語裏被寫就的世界。作家竭力「要從世界給予他的初級語言的泥濘中區分出一種次級語言」（《文藝批評文集》，第15/xvii頁）。這種次級語言——或許秩序井然，或許典雅得體——在巴特的設想中，應該是輕盈且乾淨的，而不是沉重笨拙或充滿意義的。

在巴特對於先鋒派文學的倡導中，語言的倫理性具有核心地位，這或許能解釋他的批評所呈現出的令人困惑的特點。雖然巴特有着廣泛的文學品味——他欣賞現代作家，同時也欣賞老派文人；他喜歡文風簡潔的作者，卻也喜歡濃墨重彩的寫法——但他對於詩歌毫無興趣。除了拉辛，他從來沒有評論過詩歌，而他對於拉辛的詩作也只是幾筆帶過。沒有哪種全面的詩歌理論能解釋他忽略詩歌的做法，但各種連帶的點評

以及《寫作的零度》其中一章「存在詩歌寫作嗎？」或許能讓我們對這個令人好奇的謎團有所了解。

有幾處點評表明，巴特把詩歌與象徵以及意義的豐富性聯繫在一起，同時認為詩歌試圖創造出有理可據的符號(而不是任意的符號)，因此他將詩歌看作是文學性的某個方面，而這個方面正是布萊希特、羅伯–格里耶和索爾萊斯等英雄試圖攻擊的對象。不過，在《寫作的零度》中，他採取了不同立場，提出不存在詩歌寫作，因為古典詩歌並不基於語言的特殊用法(它是無所不包的古典書寫的一部分)，而同時，現代詩歌是「一種[特殊]語言，在其中一種強烈的驅動力為了尋求自治，摧毀了所有倫理範圍」。人們或許會期待巴特熱衷於他所說的「充滿了裂縫和閃光，充滿了缺位和饑渴的符號，但沒有固定或穩定意圖的話語」，但他接下來卻把注意力轉到其他地方，他認為現代詩歌試圖摧毀語言，並把話語簡化為「作為靜態事物的詞彙」(第38–39/48–51頁)。在《神話學》中，他提出，詩歌試圖取得一種前符號狀態，在這種狀態下，它能夠呈現事物本身。

巴特不相信詩歌呈現出一種未經中介的現實，而且他把一種可疑的抱負強加在詩歌之上，這看上去和喜歡描寫瑣碎事物的羅伯–格里耶的抱負非常相似。因此，人們覺得還有其他因素在起作用，在巴特的批評實踐中有其他原因導致他忽視了詩歌。雖然《寫作的

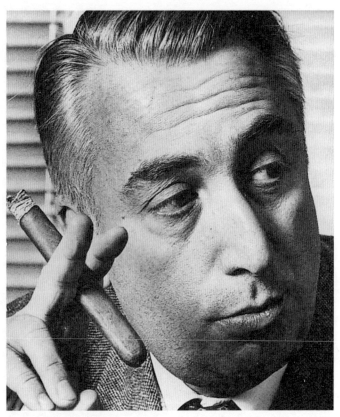

圖6　拿着雪茄的巴特。

零度》否認存在詩歌書寫，把詩歌擱置起來，但我們也可以爭辯，事實上存在一種詩歌書寫，它具有豐富的內涵、濃度和意義的深度，這些因素具有強大的影響力，甚至能破壞那些最堅決的反詩性的詩歌作品。像「我昨天去了鎮上，買了一盞燈」這樣的句子，在被當作詩歌來解讀的時候，就利用了象徵代碼(照明、商業)和對於意義的慣性設定，從而創造出豐富的意指可能性。(如果這首詩只有這樣一個簡短的句子，我們可以在缺乏其他陳述這一事實中發現意義。)在《符號帝國》中，巴特寫道，對於西方人來說，俳句是一種誘人的形式，因為你記錄單個印象，「你的句子(不管什麼樣的句子)都會道出一種經驗，釋放一個象徵符號，你輕易就能造成一種思想深邃的印象，而你的寫作也將變得充實」(第92/70頁)。我們西方的詩歌書寫假定了象徵的豐富性，並且引領我們對俳句進行相應的解讀(而巴特卻設想，在他的烏托邦式的日本，這些俳句一直保持着空無狀態)。對於西方人來說，很難在詩歌中避免意指的充分性，而在長篇散文的形式中，象徵意義帶來的壓力就沒那麼大了。巴特把詩歌排除在他的批評領域之外，試圖把文學從與之相關的意義的豐富性中解脫出來。

巴特還以另一種方式把詩歌當作替罪羊。在《神話學》的結尾處，他寫道：「在廣義上，我對於詩歌的理解是，尋找事物不可剝離的意義」(第247/151

頁）。他讓詩歌以神秘的方式成為(對於他來説)對前符號的自然或真相的追尋，由此他可以通過擱置詩歌，把這種追尋驅逐出文學領域。在《何為文學？》中，薩特區分了詩歌(和語言一起遊戲)和散文(使用語言來描述世界)，從而通過忽略詩歌，把語言遊戲排除在外。巴特在區分這兩者時所採用的術語完全不同於薩特的用法——對於巴特來説，散文進行着語言實驗，而詩歌則試圖超越或破壞語言——但從結構上講，巴特所做的是同一碼事：把文學的某些重要的總體方面等同於詩性(這種做法值得商榷)，從而可以拒絕討論詩歌，並進而忽略這種與詩歌相關的屬性或設想。

此外，還有一個因素。在法蘭西學院的就職演説中，巴特宣稱：「我所理解的文學，不是一類或一系列作品，甚至不是一個商業化的教學領域或範圍，而是對於一種實踐的痕跡所進行的複雜的銘刻：那種實踐就是寫作」(《就職演説》，第16/462頁)。他感興趣的是寫作實踐，而不是完成的形式，因此他不怎麼重視十四行詩，更喜歡長篇散文，這樣他就可以從中選出自己喜歡的部分，創造出強有力的、可以在他的批評話語中調用的片段。他沒有去解釋那些具有精緻結構的形式，而是宣揚一種符號活動。毫無疑問，這就是為什麼他所寫的許多關於文學的作品採取了種種非正統形式的原因。

第五章
論戰者

　　1963年，巴特在《泰晤士報・文學增刊》和美國的《現代語言筆記》雜誌上發表了若干文章。他告訴讀者，在法國有兩種批評，一種是枯燥的實證型的學院派批評，另一種是充滿活力、多樣化的闡釋型批評（不久後就被冠以「新批評」的名號），從事闡釋型批評的評論家對於論證作品的具體信息不感興趣，而是致力於以現代理論或哲學的視角來探討作品的意義。次年，這些論戰性的文章被收錄在《文藝批評文集》中結集出版，學術界對此頗為惱火。《世界報》（1964年3月16日那一期）刊登了由索邦大學教授雷蒙德・皮卡爾所寫的書評，書評對這本書的其他方面不予理會，全力批評這種「徒勞且不負責任的誹謗行為」，認為這或許會給一位不知情的外國讀者留下關於法國大學的錯誤印象。

　　但或許這種印象不完全是錯誤的。在法國的大學體系中，教師要想升職，就必須在國家博士論文（篇幅較長的學術性論文，很少能在十年之內完成）上取得明顯進展，而這種論文的目標是掌握堅實的文獻知識。

這種研究並不鼓勵在方法論、理論思考或非正統的闡釋方面進行創新。在法國，那些對於推動和促進文學研究做出重大貢獻的批評家大部分活躍在大學體系之外；他們為獲得經濟來源，或從事寫作(讓－保羅‧薩特和莫里斯‧布朗肖)，或到國外教書(喬治‧布萊、勒內‧基拉爾、路易‧馬林、讓－皮埃爾‧理查德)，或在特殊機構工作(巴特、熱拉爾‧熱奈特、茨維坦‧托多羅夫、呂西安‧戈德曼)，這些機構在任命他們擔任教職時採取了其他標準。1968年後，大學裏的這種情況有所改觀，但在20世紀60年代早期，巴特對於兩種批評所做的區分不無道理。

巴特對於學院派批評的不滿主要在於兩個方面。闡釋型批評家在哲學或意識形態方面尋求盟友——存在主義、馬克思主義、現象學、精神分析、符號學——而學院派批評家卻聲稱自己保持客觀，裝作他們沒有意識形態。在未經理論探討的情況下，學院派批評聲稱自己知道文學的本質，並且以常識的名義，折衷地接受或者乾脆拒絕具有意識形態傾向的批評所提出的一切觀點。它拒絕弗洛伊德流派或者馬克思主義的闡釋，認為這些闡釋過於誇大或牽強(巴特說，它本能地踩下了刹車)，但它卻不承認，拒絕闡釋這一行為本身隱含着另一種心理學或社會學理論，而這種理論需要確切的表述。事實上，傳統批評所秉持的溫和的折衷主義是最肆無忌憚的意識形態，因為它聲稱自

己知道什麼時候其他方法是對的，同樣也知道什麼時候其他方法是錯的。巴特最強烈反對的就是意識形態偽裝成常識。

其次，巴特認為學院派批評拒絕接受的是內在闡釋——這一點對於英美讀者來說或許不太熟悉。學院派批評想要用作品之外的事實，比如作者所處的世界或者他的素材來源，來解釋文學作品。由於這種批評把文學作品看作是對某個外在物的再生產，因此在某些情況下，如果它利用作者的過去來解釋某個作品，它會接受精神分析解讀，認為後者是合理的解讀，但失於片面；如果它利用歷史現實來解釋作品，它也會承認馬克思主義的解讀。巴特認為，學院派批評不願意接受的觀點是，「闡釋和意識形態可以在完全屬於作品內部的某個領域內發揮作用」。巴特認為，使用理論語言來研究作品結構完全不同於試圖在作品之外尋求解釋的方法。一種內在解讀可能會使用精神分析概念來說明作品的內在動力，但這完全不同於精神分析解讀，後者試圖把作者解釋為作者心靈的產物。巴特說，法國的學院派批評對於內在分析持敵視態度，因為學院派批評把知識與因果分析聯繫在一起，同時也因為評估學生的知識比評估他們的闡釋更加簡單。學院派批評提倡的文學理論以作者的生平和時代為重要依據，這種做法適合測驗和評分。

或許，皮卡爾會對他沒有提及的另一篇文章《歷

史或文學》（收錄在《論拉辛》中）同樣感到惱火，這篇文章著重探討了以拉辛為研究對象的幾部批評著作的失敗之處，其中就包括皮卡爾的博士論文《讓·拉辛的職業生涯》——許多「令人欽佩的」作品都服務於「一項令人困惑的事業」，這篇論文就是其中之一（第167/172頁）。巴特認為，致力於文學史研究的教授們痴迷於研究作者及其所作所為，卻忽視了真正需要歷史答案的問題——在拉辛所處的時代，文學功能或者文學制度有着什麼樣的歷史？對於皮卡爾來說，「歷史依然是——這一點是致命的——人物畫的原始素材。」「如果想寫文學史，人們必須放棄作為個人的拉辛，轉向技巧、規則、儀式和集體心態等層面」，討論這一時期文學生涯的整體模式（第154/159頁、第167/172頁）。當批評家專注於拉辛，把他本人的經歷作為他創作的悲劇的源泉時，這實際上是一種闡釋，而不是歷史。這些批評家總是想「踩下剎車」，彷彿「這一假設所體現的怯弱和陳腐就足以為它提供合理依據」（第160/166頁）。在聯繫作者和作品的時候，他們必須依賴一種心理學。在他們應該大膽宣佈他們所依賴的心理學理論時，他們恰恰變得極度膽怯。

在所有以人類為研究對象的方法中，心理學是最難以驗證和最受時代影響的方法。這是因為，對

內心深處的自我的了解實際上只是一種幻覺：真正存在的只有不同的表述方式。拉辛引用了幾種語言——精神分析、存在主義、悲劇、心理學(其他語言可以被創造出來，也將會被創造出來)，這些語言都不純粹。但承認無法講述關於拉辛的真相，就等於最終承認文學的特殊地位。

第166/171頁

這種觀點是皮卡爾無法接受的，他在名為《新批評還是新欺詐？》的小冊子中清楚表明了這一點。借助次年出版的這本小冊子，他與巴特展開了論爭。他聲稱：「存在關於拉辛的真相，每個人都會同意這一點。尤其是依靠語言的確定性、心理統合力的潛在作用和文體類型的結構要求，耐心而謙遜的研究者能夠提供無可辯駁的事實，這些事實在某種程度上決定了客觀性的範圍(從這些範圍開始，他可以——非常謹慎地——冒險進行闡釋)。」[1] 皮卡爾抨擊了巴特在文章中所說的闡釋型批評家，尤其是巴特本人的《論拉辛》，他試圖與新批評帶給文學研究的「威脅」以及帶給清晰、連貫、合乎邏輯等原則的「威脅」作鬥爭。他提出了四條罪名：(1)巴特將印象主義與意識

1　雷蒙德·皮卡爾，《新批評還是新欺詐？》，波維爾出版社，1965年，第69頁；英譯本《新批評還是新欺詐？》，弗蘭克·湯譯，華盛頓州立大學出版社，1969年，第21頁。

形態的教條結合在一起,對於拉辛的戲劇提出了某些不負責任、毫無根據的看法;(2)他的理論導致了一種相對主義,在這樣的理論裏,批評家什麼話都說得出來,因為它只要求批評家承認他的觀點的主觀性;(3)巴特的品味極其糟糕,他在這些戲劇裏注入了「持續糾纏、毫無節制、憤世嫉俗的性」,以至於「人們必須重讀拉辛的作品才能說服自己,他筆下的人物不同於D.H. 勞倫斯的人物」;(4)巴特使用了一套神秘的、偽科學的術語,以顯示他的理論的嚴密程度,而事實上這種嚴密並不存在。

雖然皮卡爾令人信服地證明了,巴特關於拉辛人物的看法只適用於其中幾個角色,但引起廣泛關注並引發關於文學的強烈論爭的,是皮卡爾的堅定立場,他要維護文化遺產,反對挑戰正統的意識形態及其術語。看過那些熱情讚頌《新批評還是新欺詐?》的書評,人們不難判斷,在這些混亂但堅定的信念中,表現出兩個深藏的原則:(1)國家文化遺產的榮耀取決於意義的確定性和歷史的真相(人們所研究的拉辛,其意義不應該發生變化);(2)質疑藝術家的自覺掌控或者忽視作者的意圖就是要在總體上挑戰主體把握自身和把握世界的能力。《世界報》上的一位作者公然提出之前巴特在《神話學》中曾經嘲諷過的資產階級對待批評的態度(它的任務就是要宣佈,拉辛就是拉辛)。這位辯論者寫道,真正的批評就是為了要理解過去而

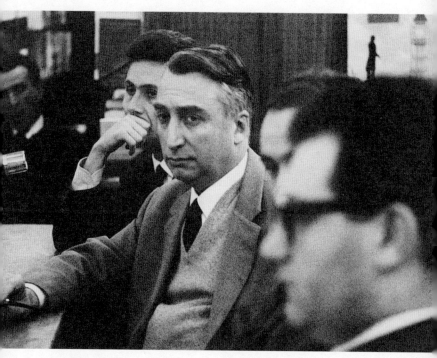

圖7　難受、厭倦。

去理解，「拒絕對過去加以修正……這種批評在拉辛本人中尋找拉辛，而不是要尋找拉辛在沾染了各種意識形態或術語之後所經歷的變形。」[2] 在「拉辛就是拉辛」這樣的表述中，巴特注意到，雖然這種同義反復只是虛幻的，因為不存在真正的拉辛，只有拉辛的不同版本，

> 但至少，我們明白，這樣的空洞定義為那些揮舞著這一定義的人提供了有力支持：一種次要的倫理救贖，一種滿足感(努力追尋拉辛的真相，同時又不用承受任何真正的研究必然遇到的風險)。同義反復省去了我們的麻煩，不用自己提出想法，但與此同時，它又以自己為榮，因為它把這種許可變成了一種嚴苛的道德態度：它的成功就在於此——懶惰被提升到嚴苛的層面。拉辛就是拉辛：虛無得到了令人欽佩的保障。

> 《神話學》，第98頁/《埃菲爾鐵塔》，第61頁

皮卡爾的攻擊使得巴特成為新批評的代言人，捲入這一爭端的人對他褒貶不一。在《批評與真實》中，巴特沒有回應皮卡爾關於拉辛的不同看法，而是探討了在這次爭端中所提出的總體問題。他的主要觀點是，皮卡爾所採用的依據(語言的確定性、心理統合力的潛

---

2 愛德華·吉東，《巴特先生與學院派批評》，《世界報》，1964年3月28日，第9頁。

在作用和文體類型的結構要求)本身就是基於某種意識形態的闡釋，學院派批評家希望把這種意識形態改頭換面，使其以理性的面貌出現。巴特認為，主要問題在於學院派批評不願意承認語言的象徵本質，尤其是語言的含混性和言外之意。很顯然，當皮卡爾拒絕各種形式的言外之意時，他在竭力維持着某種規範性：「人們沒有權利把『回到港口』這樣的表述看作是對於水的召喚，同樣也不能把『原地休息』看作是對於呼吸系統的暗指」（第66–67/20頁）。巴特強調，這樣的說法需要理論支持，要對文學語言和批評的慣例與目的提出相應觀點。這些說法不能被視作理所當然，雖然舊批評的全部傾向就是求助於習以為常的思想，並且指責新批評走得太遠。

對於巴特來說，闡釋當然要超過限度。如果不敢超出現有觀念，批評就缺少了意義和樂趣。巴特的寫作總能引發爭議：宣言式的簡明風格激怒了持不同看法的人。但巴特很少參與由他所引發的爭論，到了後期他變得(用他自己的話來說)更加寬容：他不肯在觀點上做出妥協，但同時又無意挑戰他人，也無意為自己辯護。得益於成功的眷顧，他可以沉浸在(用他在就職演說中的話來說)「一種個人傾向中，通過探究個人愉悅來避開智識上的困境」（《就職演說》，第8/458頁）。

不過，在《批評與真實》中，巴特卻身不由己地捲入到論戰之中。在此書的第二部分，他提出了關於

文學研究的設想，這是他本人最清晰、最具說服力的表述。他提出，一個國家文學批評的任務應當是「周期性地把過去的事物作為評論對象，從新的視角對它們加以描述，從而發現這些事物能夠對批評起到什麼作用」。巴特區分了批評和陌生化效果(或者說，詩學理論)：前者擔負起風險，把作品放在某個情境之中，並且闡發作品的意義；後者分析意義的條件，把作品看作是一種空洞的形式，在閱讀的時候才被賦予意義。批評家同時也是作家，他試圖用自己的語言來涵蓋作品，並且通過從作品本身獲取意義來創造出作品的意義。詩學理論則正好相反，它並不闡釋作品，而是試圖描述閱讀的結構和慣例，這些結構和慣例使作品具有可讀性，並且使它們對於不同時代、不同信仰的讀者來說都具有一定的意義。

在皮卡爾的逼迫下，巴特說出了自己的立場，這一立場不僅合乎邏輯，而且也站得住腳,但他本人並沒有遵循他所提出的區分。由於他深信文學是對於意義的一種批評，他不喜歡把時間花費在填充意義上,但與此同時，他又對嘗試用自己的語言來分析過去和當代的作品很感興趣，這種興趣使他沒法將自己局限於僅僅分析結構和代碼。《批評與真實》並沒有告訴我們巴特的立場，但它對於批評做了精彩的描述，同時也提出了結構主義式的關於文學的科學分析(或者說，詩學理論)的清晰設想。

第六章
符號研究者

　　符號研究是關於符號的總體科學，現代語言學的創始人費迪南德‧德‧索緒爾(Ferdinand de Saussure)於20世紀初期最早提出這一設想，但直到60年代，符號研究依然只是一個概念。到了20世紀60年代，一些人類學家、文學批評家和其他研究者為語言學取得的成功所傾倒，試圖從語言學的方法論中吸取經驗，開始發展索緒爾所設想的符號科學。[1]巴特是符號研究的早期倡導者之一。多年之後，他在選擇法蘭西學院的教職頭銜時，以符號研究作為研究領域，雖然他在就職演說中強調，他個人的符號研究與當前不斷壯大的這一學科(之前他曾積極推動它的發展)只有間接聯繫。

　　要想討論巴特作為一名符號研究者的所作所為，不僅需要確認他對於這一領域的持續關注，而且要特別注意他對於新方法的態度。他看重這些方法，因為

1　關於索緒爾的語言理論和他對於建立符號學的倡議，參見拙著《索緒爾》，豐塔納出版社，1976年；修訂版，《費迪南德‧德‧索緒爾》，康奈爾大學出版社，1986年。

它們具有闡釋力，並且能造成陌生化的效果，但是一旦出現正統化的苗頭，他立即就開始反叛。最初吸引他轉向符號研究的原因很清楚。在《神話學》中，他發現各種語言學術語使他能夠從新的視角來觀察文化現象，於是他滿懷熱情地接受了這一設想，把人類的全部行為看作是一系列「語言」。「對我來說，一種符號科學能夠刺激社會批評，在這一理論設想中，薩特、布萊希特和索緒爾可以攜手合作」（《就職演說》，第32/471頁）。吸引他的部分原因在於，他希望一種需要人們對能指和所指加以命名的形式研究能夠令人信服地展示各種行為所隱含的意識形態特徵。但一種新的學科或者一套新的詞彙的重要意義，首先在於迫使人們重新審視習以為常的現象，並且揭示人們潛在了解的內容：為了應用新的術語或者實施新的操作，人們必須重新思考熟悉的實踐行為。

新的方法具有陌生化效果，隨着這一學科變成正統的一部分，這種效果也將就此消失。只有把符號研究界定為對其他業已確立的學科提出質疑的一種觀點，巴特才能繼續將他本人視為一名符號研究者。在《就職演說》中，他開玩笑說，希望把「文學符號研究教授」變成一把輪椅，一直保持移動，成為「當代知識的通配符」（第38/474頁）。他把自己的符號研究描述為對語言學的「消解」，或者更確切地說，對意指行為各個方面的研究，這些方面不屬於純粹的語言

現象，因此被科學性的語言學擱在一旁。他的符號研究要「努力彙集語言中的雜質，語言學中的廢棄物，任何訊息的即時變化：慾望、懼怕、表達、恐嚇、進步、討好、抗議、辯解、侵犯和旋律，積極的語言正是由這些內容所構成的」（第31–32/470–471頁）。在他的職業生涯裏，巴特一直保留着符號研究這個概念，用它來揭示意義的各種層面，而這些意義層面正是正統的學科研究所忽略的內容。隨着符號學變成一個正式的學科領域，巴特的符號研究發生了轉變，從倡導一種符號科學，變成在這種符號科學的邊緣位置進行活動。

在《符號學原理》(1964)中，巴特試圖確立一種規範做法，他提出了這門新興學科的若干基本概念——區分了語言和言語，能指和所指，橫組合關係和縱聚合關係——並且思考了如何將這些術語用於分析語言之外的現象。他認為，符號研究必須先「實驗自身」。他扮演了公共實驗者的角色，嘗試了各種在他看來有助於研究其他意指現象的語言學概念。

在索緒爾所做的各種區分中，最重要的一對是語言和言語。前者指語言體系，也就是人們在學習語言時所掌握的內容；後者指人們說的話，即無數的實際表達，包括口語和書面語。語言學和(通過類比關係確立的)符號研究試圖描述潛藏的規則體系和區分，這些要素使得意指成為可能。符號研究的前提是，既然人

類行為和客體具有意義，那麼就必然存在某種由區分和規約所組成的(有意識或無意識的)體系，能夠產生意義。對於想要研究某種文化中的食物體系的符號研究者來說，言語由各種飲食事件所構成，而語言則是潛藏在這些事件背後的規則體系。這些規則規定，什麼是可以吃的，哪些菜餚之間可以搭配，哪些菜餚之間形成鮮明對照，以及這些菜餚如何組合構成一頓飯菜。簡而言之，這些規則和規定決定了哪些飯菜在文化意義上是合乎正統的，哪些不是。餐館的菜單是一個社會的「食物語法」樣本，其中包括了「句法」位置(湯、開胃菜，主菜、沙律、甜食)和不同項目所組成的縱聚合類別，用來填充每個位置(供人們選擇的各種湯)。在一頓飯菜中，各道菜的句法次序有慣例可循(湯、主食、甜食，這是正統的次序；甜食、主食、湯，這樣的次序則不合語法)。在各個類別(比如主食或甜食)中，不同的菜餚之間所形成的對比具有意義：漢堡和燒野雞有着不同的次級意義。符號學家借用語言學範式來處理這樣的素材，他的任務很明確：重構由各種區分和慣例所組成的體系，這些區分和慣例使得某些現象對於某個文化的成員來說，具備一定的意義。

　　巴特的論述有一個鮮明特點，那就是他聲稱語言不僅是符號體系的重要範例，而且也是符號研究者所依賴的現實：事實上，除了語言，不要研究其他事

圖8　1978年1月7日，法蘭西學院：巴特的就職演説。

物。他甚至提出，索緒爾把語言學當作符號研究的一
個分支，這是種錯誤的做法；符號研究才是全面語言
學的一個分支：它研究的是語言如何表述世界。符號
研究者調查某個特定文化的食物體系或者服飾體系，
試圖找出其中的意指單位和差別，他們所能找到的最
佳線索就來自語言，來自人們用於談論食物和服飾的
語言，來自這一語言命名和沒有命名的事物。巴特問

道：「誰能確信，當我們從全麥麵包轉到白麵包的時候，或者從無邊女帽轉到無邊男帽的時候，我們從一個所指轉到了另一個所指？在多數情況下，符號研究者有一些制度性的中介物，或者說元語言，能夠為他提供變換所需的所指：關於美食的文章或者時尚雜誌」（《符號學原理》，第139–140/66頁）。

　　雖然語言是符號研究者擁有的唯一證據，但這並不會讓符號研究成為語言學的一部分，就像歷史學家對於書面文獻的依賴不會讓歷史研究成為語言學的一部分一樣。但符號研究者不能只依賴語言，他們不能假定被命名的一切都是重要的，沒有被命名的一切就是不重要的，尤其是在研究習以為常的現象時。然而，對於巴特來說，語言證據在《流行體系》（他的大規模符號研究）中是不可或缺的方法。時裝是一種體系，它通過區分各種服裝來創造意義，使細節具有意指功能，並且在服飾的某些方面和世俗行為建立聯繫。巴特寫道：「真正銷售的是意義」（第10/xii頁）。為了描述這一體系，巴特選取了兩本時裝雜誌一年內配發的照片說明文字作為研究對象。他的設想是，這些文字把人們的注意力吸引到讓服裝顯得時尚的某些方面，由此他可以辨認出在這個符號體系中起作用的區分。

　　巴特找出意指行為的三個層次，有兩個例子可以很好地說明這種層次劃分：「印花布在競爭中取勝」

和「細長的花邊讓人印象深刻」。在巴特所說的「服裝代碼」(即界定時尚的代碼)層面上，印花布和花邊是能指，它們的所指是時尚。在第二個層面上，把印花布和競爭放在一起意味着這些服飾適合在某種社會場合下穿著。最後，還有「一種新的符號類型，它的能指是說出口的時尚言論，而它的所指是這本雜誌擁有或者想要傳遞的關於世界和關於時尚的形象」(第47/36頁)。這些說明文字暗示，花邊不僅被視為優雅的裝飾，事實上它生產了優雅這一品質，而印花布則是取得社會成功的關鍵的、積極的要素(人生是一場競爭，你的服飾將決定你的勝敗)。

服裝代碼很重要，但解讀起來並不有趣。巴特辛勤工作，研究了大量時尚雜誌的說明文字，分析了時尚所依賴的各種變化。在方法上，他遇到了一些困難：尤其是，要想清楚地對時裝加以分析，就需要指出哪些結合是不可能的，或者說，是不時尚的。[2] 對於巴特和他的讀者來說，更吸引人的是修辭體系，即時尚的神秘層面。時尚遵循神話原則，它試圖把它背後的慣例偽裝成自然事實。今年夏天服裝將採用絲質面料，說明文字這樣告訴我們，彷彿在宣佈一個不可避免的自然事件；現在的裙子正變得越來越長，必然如此。說明文字告訴讀者，這些服飾多麼有用——正適

2　參見拙著《結構主義詩學：結構主義、語言學與文學研究》，康奈爾大學出版社，1975年，第34–38頁。

合清涼的夏夜——但某些用法的特定性讓人困惑。比如，為什麼要說，適合在夜間沿着加來碼頭漫步時穿著的雨衣？巴特注意到：

> 正是以外部世界為參照的精確性讓這一功能變得不真實：我們又一次遇到了小說藝術所產生的悖論：任何細緻入微的功能都變得不真實；但與此同時，這種功能越是偶然，它看起來就越「自然」。時尚書寫因此回到了現實主義風格所設定的前提，即不起眼的、精確的細節在累積起來之後增添了所表徵事物的真實性。
>
> 第268/266頁

時尚積極有效地把它的符號自然化，因為它必須充分利用這些細小差別，並提出細微變化的重要性。今年絨毛布料取代了粗毛布料。重要的不是內容，而是區別本身。時裝「就是這樣一種景觀，人們從中發現自己有能力讓微不足道的細節進行意指」（第287/288頁）。或者，就像巴特在《文藝批評文集》中所說的：「時裝和文學強烈地、精妙地進行意指，這一行為有極端藝術所具備的全部複雜性，但也可以說，它們意指的對象是『虛無』，它們就存在於意指行為中，而不是存在於被意指的對象中」（第156/152頁）。

巴特最系統化的符號研究所得出的結論卻是要拒

絕「關於符號的科學研究」這一設想，他後來的作品反復強調這一結論。「我經歷過對於科學性的美好夢想」，他後來對自己在20世紀60年代早期的思想持否定態度(《回應》，第97頁)。他把符號研究界定為關注一切使意指行為的科學變得不可能的研究，這樣他就把自己拒絕符號科學的態度與意指行為優先於被意指對象的觀點聯繫在了一起，並且刻意忽略了下列事實：他現在所否定的系統性視角產生並支持這種關於意義的一貫看法。只有通過揭示時裝或文學其實是一種體系，一種不停製造意義的機制，巴特才能繼續維持意指行為相對於被意指對象的優先地位。在體系的視角之外單獨而論，關於時裝的陳述具有意義，並且其意義遠比其他意指過程更加重要。只有通過令人信服地辨認出符號機制的系統化運作，人們才能證明時裝說明文字的具體內容與此無關，從而讓巴特提出的設想更具說服力，即時尚或文學作為符號體系，暗中破壞或清空了它們大量製造的意義。

圖9　符號研究的歷史。

雖然巴特後來希望把他的符號研究看作是對於科學性分析起到抗拒作用的各方面意義的關注，但他在後期作品中關於意義的看法很有趣，因為他對於意指行為的更多層面提出了總體看法。比如，他注意到，他和麵包店裏的女人所說的關於光線美感的話體現出一種階級品味，這當然不是科學，但這很有趣，而且頗有見地，因為這個例子告訴我們，對於起到區分階級作用的符號進行調查需要涵蓋多大的範圍。又如，巴特認為學術討論的慣例要求人們注意對方提出的問題的表面內容，而不是它所表達的潛在態度。當他持這一觀點時，他就為調查指明了一個主題：言語行為的特定內容與基本力量之間的關係，以及不同的慣例如何導致不同的回應。牢牢地坐在他的「輪椅」裏，巴特不再需要一門符號科學，不再需要用後者的力量來擴展和運用他本人的洞察力。他可以暢談自己的願望，他要生產一種沒有權力的話語，這種話語不會把它自身強加於人，而是成為一種令人愉快的對於新鮮事物的體驗(《就職演說》，第42/476頁)。然而，他的話語依然將興趣放在它所激發的對於符號和意義的潛在的系統性思考上。因為有意義的地方就有體系。正是巴特本人告訴了我們這一點。

第七章
結構主義者

誰是羅蘭・巴特？這個問題有現成的答案：一位法國結構主義者。雖然巴特的崇拜者可能會堅持認為，結構主義只是巴特多變的職業生涯中的一個時刻，並且當時他並沒有完全露出自己的真面目，但這顯然是他最為重要的時刻：結構主義是他的影響力的來源，是他的理論設想和觀點所取得的成果，同時也是他未來發展的跳板。在結構主義變成一種權威之後，巴特悠然地與它保持着距離，在其他人看來，他變成了一個「後結構主義者」。但這種說法不清不楚，因為要想創造出「後結構主義」，人們就必須把結構主義做狹隘的歪曲。事實上，所謂的「後結構主義」有很多內容在結構主義作品中已經明顯表露了出來。

1967年，在為《泰晤士報・文學增刊》所寫的一篇文章中，巴特將結構主義界定為用來分析文化產品的一種方法，其根源在於語言學方法（《語言絮談》，第13/5頁）。在《文藝批評文集》中，他解釋道，他「進行了一系列結構主義分析，目的在於界定一些非文字性的語言」（第155/151–152頁）。結構主義把現象

看作是潛在的規則和區分體系的產物，並且從語言學中借用了兩條基本原則：(1)實施意指行為的實體並無本質，而是被內部和外部的各種關係網絡所界定；(2)對意指現象做出解釋就是要描述使它們成為可能的體系。結構性的解釋並不追溯歷史淵源，也不尋找原因，而是通過將特定的客體和行為與它們所處的體系聯繫起來，來探討它們的結構和意指效果。

在20世紀60年代，似乎沒有必要來區分結構主義和符號研究。巴特在《文藝批評文集》中界定了「結構主義行為」，宣稱「以嚴肅的態度向意指行為命名求助」是結構主義的標誌，並建議感興趣的讀者「觀察哪些人使用能指和所指，歷時性和共時性」(第213–214/214頁)。不過，最終符號研究(或者說，符號學)被看作一種研究領域——對於各種符號體系的研究——而「結構主義」指的是20世紀60年代法國思想家提出的一些聲明和步驟，它試圖描述各種人類行為背後潛藏的結構。巴特寫道：「所有結構主義行為的目標，無論是反思性還是詩性的目標，都是要『重構』一個客體，從而揭示讓它得以運作的規則。」他得出結論，結構主義的「新意在於提出一種思想模式(或者說，一種『詩學』)，不再只是將完成後的意義分配給它所發現的客體，而是要知道意義如何成為可能，要付出何種代價，通過何種方式」(第218/218頁)。他督促文學專業的學生——

圖10　書桌旁的巴特。

在倫理層面上，批評家的目標並非闡釋作品的意
義，而是對於制約意義生產的種種規則和約束提出
新的看法……批評家不負責重構作品的訊息，而是
關注它的體系。語言學家則不負責解讀句子的意
義，而是關注使意義傳遞成為可能的形式結構。

第259–260/256–257頁

為了理解最有趣、最具創新精神的文學作品如何運作，人們必須重構被這些作品戲仿、抵制和擾亂的規範體系。

　　我們可以區分文學的結構主義研究的四個方面。首先，結構主義研究試圖用語言學術語來描述文學語言，從而抓住文學結構的特點。巴特頻繁使用語言學類別來討論文學話語。他對於埃米爾·本維尼斯特提出的一對區分特別感興趣，本維尼斯特提議把指涉語境的語言形式(比如，第一和第二人稱代詞，諸如這裏、那裏、昨天之類的表述，以及部分動詞時態)與非指涉的語言形式區分開來。這一區分幫助巴特對敘事技巧的某些方面進行分析，但他對於語言學採取靈活借用的辦法，和部分結構主義者不同，他並不嘗試系統性的語言學描述。[1]

　　第二個主要的理論設想是發展一種「敘事學」，辨認敘事的組成部分及其在不同的敘事技巧中可能採取的組合辦法。法國結構主義者的研究方法主要基於俄國形式主義者弗拉迪米爾·帕洛普(Vladimir Propp)的研究，他提出的民間故事「語法」描述了這些故事的基本母題及其可能出現的結合。法國結構主義者尤其關注情節，想了解情節的基本要素是什麼，如何結

1　關於結構主義文學研究中用到的語言學理論，參見拙著《結構主義詩學》，第一部分。關於巴特借用本維尼斯特所做的區分，參見該書第197–200頁。

合，基本的情節結構是什麼，以及如何產生完成和未完成的效果。巴特以此為主題，為《溝通》雜誌的一期特刊寫了一份長篇導論(《敘事的結構分析導論》，收錄於《意象、音樂、文本》之中)。在後來的作品中，他強調情節結構在確保作品可理解性方面的作用，同時也關注打亂敘事預期可能產生的效果。他寫道，不可能「在沒有涉及由各種基本單元和規則所組成的潛在體系的情況下」，產生一段敘事(《意象、音樂、文本》，第81頁)。只有就某種敘事建構與常規的敘事預期之間的關係而言，前者才會具有過度的或者欺騙性的效果。

除了對敘事進行系統性研究之外，結構主義者還試圖說明，文學意義如何取決於某種文化之前的話語所生產的文化代碼。巴特的《S/Z》一書為這個設想做出了最重要的貢獻，稍後我將對此進行討論。最後，結構主義提倡分析讀者在意義生產中所起到的作用以及文學作品如何通過抵抗或順從讀者預期來取得相應的效果。巴特在分析羅伯−格里耶的作品時引入了上述思路，在後來的作品中，他從兩個方面進行了相關研究。首先，他聲稱詞語和作品只有與話語慣例和閱讀習慣產生聯繫才有意義，要想理解文學結構就必須研究這些慣例和習慣。因此，讀者作為慣例的存儲者和使用者就變得十分重要。詩學理論關注作品的可理解性，讀者在其中不是被看作個人或主體性，而

是一種作用：讀者是讓閱讀成為可能的代碼的化身。巴特寫道：「那個接近文本的『我』，本身就是其他文本和代碼的複數形式，這些代碼數量無窮，或者更確切地說，這些代碼已經失落(它們的源頭已經失落)……主體性通常被認為是一種充分狀態，有了它我才能實現文本，但事實上這種虛假的充分狀態只是構成我的各種代碼所留下的痕跡，因此我的主體性最終具有各種模式化形象的通用特徵」(《S/Z》，第16–17/10頁)。讀者同樣出現在第二種論述中：最有趣或最有價值的文學是那些能夠最大程度地讓讀者得到鍛煉的作品，它們對於閱讀的結構化行為發起挑戰，讓人們關注到這些行為。「在文學作品中(在作為作品的文學中)，最重要的是讓讀者不再只是消費者，而是文本的生產者」(第10/4頁)。在結構主義的大力倡導下，讀者在文學批評中成為核心人物。如果正如巴特所說，「讀者的誕生必須以作者的死亡為代價」，作者不再被視為意義的根源和仲裁者，那麼這正是他願意付出的代價(《語言絮談》，第69/55頁)。

結構主義試圖弄明白我們如何理解一個文本，這一嘗試使得人們不再把文學看作表徵或交流，而是由文學秩序和文化的話語代碼所生產的一系列形式。結構主義分析並不打算發現潛藏的意義：巴特寫道，一部作品就像一個洋蔥，「多個層次(或多重表面，或多個體系)疊合在一起，它的體內沒有心臟，沒有內核，

沒有秘密，也沒有不可化約的原則，只有把它自身包裹起來的無窮的表層——這些表層包裹的不是別的，就是自身的集合」（《語言絮談》，第159/99頁）。結構分析並不對文本進行「解釋」，而是從文本內容開始，進而分析相關代碼的運作，「辨認它們的術語，勾勒它們的次序，同時也假設其他代碼，並通過最初研究的代碼來對後者進行分析。」[2]他在《作者之死》中這樣寫道：

在寫作的多重性中，一切都將被拆散，沒有任何事物得到闡釋；可以順着結構去分析，看它在每個節點和每個層面如何「脫絲」（就像襪子的絲線那樣），但在它的底下一無所有：要在寫作的空間裏四處搜索，而不是刺穿它；寫作不停地呈現意義，同時又不停地消散意義。寫作一直致力於系統性地消除意義。正是通過這一方式，文學（從現在開始，更恰當的說法是寫作）拒絕為文本（以及作為文本的世界）分派一個「秘密」，一個終極意義，由此文學釋放出一種我們可以稱之為「反神學的」行為，這是一種真正的革命行為，因為拒絕固定意義最終就是要拒絕上帝和他的化身——理性、科學、法則。

《語言絮談》，第68/53–54頁

2　巴特，《從何處開始？》，法文原版《寫作的零度及新文藝批評文集》，第155頁/英譯本《新文藝批評文集》，第89頁。這篇文章是巴特關於如何進行結構分析的最明確的指導說明。

讓意義之線「脫絲」的拆散行為：這就是巴特在他最具雄心和最持久的結構分析《S/Z》中所採取的模式，這部作品對巴爾扎克的中篇小說《薩拉辛》逐行進行了討論。他把文本拆分成片段(或者按他本人的說法，拆分成「文段」)，在此基礎上他辨認出片段賴以運作的代碼。每個代碼都是積累的文化知識，它使讀者可以把作品中的細節看作對於某個特定功能或序列的貢獻。例如，情節代碼(巴特常常借用希臘語來創造術語)是一系列行為模式，用來幫助讀者把細節納入情節序列之中：因為我們有某些程式化的模式，諸如「陷入愛河」、「綁架」或「承擔一次危險的任務」，所以我們才能暫時地把我們所讀到的細節分門別類並加以組織。闡釋代碼統管神秘和懸念，用來幫助我們辨認謎團，並且對細節加以梳理以便解開這個謎團。意義代碼提供程式化的文化形象(比如，性格範式)，用來幫助讀者把點點滴滴的信息整合在一起，創造出人物形象。象徵代碼引導讀者從文本細節轉到象徵性闡釋。巴特在《S/Z》中所說的指示代碼後來又細分為一系列文化代碼，可以把它們看作是數量眾多的手冊，用來提供文本所需的文化信息。[3] 巴爾扎克描寫蘭提伯爵時，說他「像西班牙人一樣憂鬱，像銀行家一樣無聊」，此時巴爾扎克就是在利用這些程式化

3　參見巴特的《對埃德加·愛倫·坡一則故事的文本分析》，收錄於《符號學冒險》。

圖11　高等實用研究院的研討班合影，1974年。

的文化形象。同樣，在描寫薩拉辛欣賞完贊比內拉的歌唱表演，走出劇院時，他說薩拉辛的心中「充滿了難以言表的憂傷」，我們的文化仿真模式告訴我們，要把這句話解讀為深情投入的標記。「雖然全都源自各種書籍，這些代碼(具有與資產階級意識形態正好相反的特徵，後者將文化變成自然)充當了真實的根基，同時也成為了『生活』的根基」(《S/Z》，第211/206頁)。

巴特在經典文學和現代文學作品中辨認各種代碼，並且點評它們在這些作品中起到的作用，他的目的不是要闡釋《薩拉辛》，而是要把它作為一個互文性建構物，作為各種文化話語的產物來加以分析。他在《作者之死》中寫道：「我們現在知道，文本並不是釋放單一的『神學』意義(一位作者——上帝所傳遞的『訊息』)的一連串詞語，而是一個多維的空間，各種寫作(均非原創)在其中混合、碰撞。文本是出自無數文化源頭的一系列引言」(《語言絮談》，第67/52–53頁)。巴特高度關注代碼的這種引述作用，比如，他描述了可讀文學所採取的反諷策略。指示代碼如果一味服從原先的用法，很快就會變得枯燥乏味。

　　　經典的彌補措施……是通過疊加另一種代碼，讓後者以超然的態度評述前者，從而把前面的代碼變成一種反諷……比如，作品中薩拉辛「曾經希望得到一間有微弱光線的房間，一個滿懷嫉妒的競爭對手，死亡和愛情，諸如此類」。這樣的話語混合了三種交織在一起的代碼……激情代碼確立了薩拉辛理應具備的情感，小說代碼把這種「情感」變成文學：這種代碼屬於一位天真的作者，他毫不懷疑小說是一種恰當的(自然的)表達激情的方式。反諷代碼探討了前兩種代碼中的「幼稚」成分：就像小說家承諾要談論角色(代

碼2)那樣，反諷者承諾要談論小説家(代碼3)……在這種代碼交織的基礎上再前進一步就足以產生……對巴爾扎克的戲仿。這種冒險前進的結果會怎樣？它不斷超越之前的階段，渴望無限，憑藉着這一過程帶給它的全部力量，它構成了寫作。

《S/Z》，第145/139頁

可讀的寫作允許讀者確定什麼是最終代碼(比如潛在含義，「這是反諷」)。然而，像福樓拜這樣的作者，

在運用一種充滿不確定性的反諷時，激發了寫作中一種有益的不安：他拒絕停止代碼運作(或者以非常糟糕的方式做到這一點)，結果就是(毫無疑問，這是對於寫作的真正考驗)人們從不知道究竟他是否為他所寫下的內容負責(在他的語言背後是否存在一個主體)：因為寫作的本質(即構成作品的意義)在於迴避「誰在說話」這一問題。

第146/140頁

巴特為了追求代碼而拆解文本，這一做法使他能夠對文本進行細讀，同時又抗拒英美學者關於細讀的看法，即認為作品的每個細節都有助於達成整體的審美統一。巴特關注作品的「多元」性質，他拒絕尋求一

種整體的統一結構，而是想知道每個細節如何運作，和哪種代碼發生聯繫，同時他也證明了自己善於發現各種代碼的功能。[4] 例如，部分描述性細節明顯多此一舉，它們沒有與任何推動情節發展、揭示人物性格、製造懸念、產生象徵意義的代碼構成聯繫，因而這些細節的目的在於造成一種「現實感」：正是通過對意義的抵抗，它們完成了意指，「這就是真實。」[5]

《S/Z》的悖論在於，它提出的類別公然否定了經典的、可讀的文學作品，巴爾扎克的作品是這類作品的典範，但是它所做的分析卻將一種誘人的、強有力的複雜性賦予了巴爾扎克的一部中篇小說。《S/Z》依賴於可讀與可寫之間的區分，同時也依賴於經典寫作(順從我們的預期)與先鋒寫作(我們不知道該如何讀，但在我們的實際閱讀中必須自行創作)之間的區分。雖然《S/Z》宣稱「可寫是我們的價值」，但它卻採取了一種可讀的故事形式，只不過書中的分析並沒有揭示一種枯燥的可預測性，而是讓故事變得開放，讓故事對它自身的代碼以及它所處的文化中的

---

4 芭芭拉・約翰遜對此做出了精彩分析，她將巴特對於《薩拉辛》的「反建構主義」處理與「解構主義」解讀進行了對比，並且提出，巴特拒絕重新排列或重新建構文本，這導致他錯失了某些解讀方式，通過這些方式，這個文本破壞了讀者模式的預設，而原本它被認為是從屬於這些預設的。參見她的論文《批評差異：巴特/巴爾扎克》，收錄於《批評差異》，約翰・霍普金斯大學出版社，1981年。

5 參見巴特的《實在的效果》，《語言絮談》，第185–186/146–147頁。

意指機制進行敏銳且實用的反思。「《薩拉辛》展現出表徵的含混性，以及符號、性和財富不受控制的流動」（第222/216頁）。它宣稱打破常規的先鋒文學具有優越性，從而促進形成了一種智識氛圍，巴爾扎克的愛好者可以在這種氛圍中努力把他的作品從欣賞性的經典閱讀中搶救出來，將其看作是探索自身意指過程的寫作。就效果而言，巴特在這裏所做的分析具有典範意義：總體上，結構主義分析基於對符合常規的作品和違反常規的作品所做出的區分，這種區分最終在最出人意料、最傳統的地方發現了一種激進的文學實踐——由此顛覆了文學史的概念，同時也顛覆了巴特最初做出的區分。這是巴特的結構主義所取得的主要成就之一（或許這也是他的秘密目標）。

《S/Z》是巴特觀點的全面表述——彙集了他關於文學的看法，同時也為不同的，甚至是矛盾的理論設想提供了共同的立足點。一方面，它顯示出強烈的科學性和元語言性的驅動力，把作品拆分成各種組成部分，並且以理性和科學的態度加以命名和分類。它試圖解釋讀者如何來理解小說，通過這一嘗試，它對於《批評與真實》中所勾勒的詩學理論做出了貢獻。不過另一方面，巴特和其他人都認為，他從《S/Z》開始放棄了結構主義的理論設想：巴特堅持認為，他不是把作品看作一個潛在體系的外在表現，而是要探索作品與自身的差異，探索作品難以掌握、不確定的

意義，以及作品如何展現作為其根基的文化代碼(第9/3頁)。《S/Z》同時被視作結構主義和後結構主義的極端例子，這一現象說明，我們應該帶着懷疑的眼光去看待這樣的區分。我們從一開始就應該記住，結構主義者試圖描述文學話語的代碼，而這種嘗試關係到先鋒派的文學作品(如羅伯–格里耶的作品)，他們要研究這些作品如何凸顯、模仿和違背那些慣例。

當然，在結構主義的科學雄心和被稱之為「解構主義」的後結構主義分支之間存在明顯的差異，[6] 後者的特點在於說明話語如何暗中破壞它們所賴以存在的哲學前提，但這一差異很容易被人誇大。結構主義寫作一再求助於語言學範式，從而把批判性思維的重點從主體轉到話語，從作為意義源泉的作者轉到在社會實踐的話語體系內運作的規約體系。意義被看作代碼和規約的效果——有時候也被看作違反規約的效果。為了描述這些規約，結構主義提出了各種科學分支——關於符號的普遍科學、關於神話的科學、關於文學的科學——這些分支被當作各種理論分析的方法依據。但在每種理論設想中，人們關注的往往是那些位於邊緣的現象或者問題叢生的現象，它們有助於識別將它們排除在外的規約，而它們的力量也取決於這些規約。科學的概念或者說關於形式的普遍「語法」

6　關於解構方法的說明，參見拙著《論解構：結構主義之後的理論與批評》，康奈爾大學出版社，1982年。

的概念被當作方法依據，用來分析某些作品，這些作品專注於研究不符合語法的或者偏離常態的現象，比如人類學對於污穢或禁忌的研究，以及米歇爾‧福柯對於瘋癲和監禁的結構主義研究。可以說，全面科學的設想在結構主義中起到的作用相當於全面質疑的做法在後結構主義的某些分支中起到的作用：無論是完全的科學還是完全的質疑，都不可能做到，但是要想對話語的運作進行令人信服的分析，這兩種努力都必不可少。在《S/Z》中，巴特的研究經歷了劇變，從結構主義轉向後結構主義，這是巴特本人試圖傳遞的印象，但《S/Z》所關注的問題在他各個時期的作品中持續存在。更加明顯同時也更加重要的是另一種轉變，那就是當巴特聲稱他自己是個享樂主義者時，他的形象所發生的變化。

第八章
享樂主義者

　　1975年，巴特在一次訪談中解釋了「愉悦」一詞在他作品中的重要性，他說他想要「為某種享樂主義負責，這是一種名聲狼藉的哲學思想的回歸，它已經被壓抑了數個世紀」（《訪談錄》，第195/206頁）。《文之悦》是這一復興嘗試的主要記錄，但愉悦在巴特的其他作品中也扮演着重要角色。他在《羅蘭·巴特自述》中這樣問道：「思想對於他來說，如果不是一陣愉悦的感覺，那又是什麼？」（第107/103頁）。他在《薩德、傅立葉、羅尤拉》中宣稱：「文本是愉悦的客體」（第12/7頁）。但愉悦必須要被感受到。「文學的挑戰就是，這部作品如何能夠與我們產生關聯，讓我們感到震驚，讓我們變得充實？」[1]

　　《文之悦》是關於文本愉悦的理論，但同時也是一本手冊，甚至是一篇懺悔。巴特寫道：「一個故事讓我感到享受的部分，並不是它的內容，甚至也不是

1　為夏多布里昂的《朗塞傳》（*Vie de Rancé*）所作的序言，收錄於法文原版《寫作的零度及新文藝批評文集》，第106頁/英譯本《新文藝批評文集》，第41頁。

它的結構，而是我在光滑的表面所施加的摩擦：我快速前進，我跳躍，我抬頭，我又再次埋頭閱讀」（第22/11–12頁）。愉悅或許來自漂移，「每當我不在乎整體的時候，就會出現」這種情況，他的注意力被看似模糊、戲劇化，甚至有些過度精確的語言所吸引（第32/18頁）。比如，「精確狀態」這個詞讓他感到愉悅：「在《布瓦與貝居榭》中，我讀到了這個句子，它讓我感到愉悅：『布料、床單和餐巾正垂直晾着，木製的夾子把它們固定在緊繃的繩子上。』在這個句子中，我欣賞一種過度的精確，一種對於語言的精確狀態的迷戀，一種描述性的瘋狂（在羅伯–格里耶的作品中會遇到這種情況）」（第44/26頁）。巴特用日常生活的細節描述着他在閱讀小説、傳記或歷史作品時所感受到的愉悅，他進一步設想一種基於消費者愉悅的美學和「一種關於閱讀愉悅（或愉悅的讀者）的分類研究」，其中每種閱讀症狀都能找到特定的文本愉悅：拜物主義者喜歡片段、引言和特別的表達方式；強迫症患者喜歡操控元語言、注釋和闡釋；妄想狂喜歡進行深度闡釋，發掘秘密和內情；歇斯底里者充滿了狂熱，他放棄全部的批評距離，全心投入文本（第99——100/63頁）。

對於閱讀和愉悅的討論看似在倡導文本的神秘性，但巴特堅持認為，「正好相反，全部努力在於將文本的愉悅以物質形式表達出來，讓文本成為愉悅的

客體，就像其他類似事物一樣……最重要的是讓愉悅的場域變得平等，廢除實際生活和思想生活之間的虛假對立。文本的愉悅就在於：提出聲明，反對分裂文本」，並且堅持將情慾投注擴展到所有類型的客體，包括語言和文本(第93/58–59頁)。

為了將文本引入愉悅的場域，巴特向身體發出召喚：「文本的愉悅就發生在我的身體追求自身思想的那一瞬間」(第30/17頁)。他還說：

> 每當我試圖「分析」一個帶給我愉悅的文本時，我所遇到的不是我的「主體性」，而是我的「個體性」，這一給定的特質將我的身體與其他身體分離開來，並且將苦難或愉悅挪為己用：我所遇到的正是享受中的我的身體。這個享受中的身體也是我的歷史主體：因為正是在一個複雜過程的結尾階段——這個過程把傳記、歷史、社會學和神經症的各種要素(教育、社會階層、童年經歷等)結合在一起——我努力在(文化)愉悅和(非文化)狂喜這兩種矛盾力量的相互作用中取得平衡。
>
> 第98–99/62頁

指涉身體是巴特所做的總體嘗試的一部分，他試圖對閱讀和寫作提出一種物質性描述，這一做法有四項特定功能：首先，引入這個出人意料的術語取得了一種

有益的陌生化效果，尤其是在法國傳統中，自我一直以來都被等同於意識，典型的例子是笛卡兒式的「我思」：「我思故我在。」這個自我是一個意識到自身存在的意識，但它並不是體驗到文本愉悦的實體：「身體」才是巴特用來稱呼這個實體的名字——一個總體上更加模糊、更加異質化的實體，相比笛卡兒式的「精神」，它受到的控制更少，對自身的開放程度也更低。

其次，結構主義花了很大力氣來證明，具有意識的主體不應該被當作給定物，並被視為意義的來源，而是要把它看作是通過主體發揮作用的文化力量和社會代碼的產物。比如，具有意識的主體並不是它所說的語言的主人。我的身體能說、能寫、能理解英語，在這個意義上可以說我「懂」英語，但是我不可能意識到構成我的語言理解的龐大且複雜的規範體系。諾姆·喬姆斯基認為，我們不應該說兒童「學習一種語言」，就好像這是一種有意識的行為，應該說語言在兒童內部「不斷發展」。他把語言稱為一種「精神器官」，把它和身體聯繫起來，從而強調其中涉及的不只是意識。其他的文化技能所包含的內容同樣不只限於有意識的理解：葡萄酒的鑒賞家並不能解釋如何區分不同年份的葡萄酒，但他的身體知道該如何區分。巴特對於「身體」一詞的用法體現了這方面的思考。

第三，巴特在《S/Z》中提出（本書第七章引用了

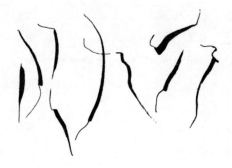

Dooding...

or the signifier without the signified

圖12　塗鴉。

這段話），既然結構主義把主體看作是大量代碼和結構力量的產物，我的主體性只是一種虛假的充分性，是所有構成我的代碼所留下的痕跡——巴特不得不迴避他自己堅持提出的大量問題，只有這樣他才能談論主體的愉悅，但是他需要一種適當的談論方式，從而來解釋擺在面前的事實，即一個人能夠閱讀和欣賞一個文本，無論他的主體性多麼刻板或者泛化，某些感受必須被視為他特有的體驗。身體這一概念允許巴特迴避主體存在的問題：他求助於「這一給定的特質，它將我的身體與其他身體分離開來，並且將苦難或愉悅挪為己用」，從而強調自己不是在談論主體性。當一位俄羅斯領唱者歌唱的時候，「這個聲音不屬於個人：他所表達的不是領唱者本人，不是他的靈魂；它不是原創的，但與此同時，它又是個人的：它讓我們聽到一個沒有身份、沒有『個性』的身體，但這個身體同時也是一個分離的身體」（《意象、音樂、文本》，第182頁）。作為對巴特「語法」的戲仿之作，《輕鬆學會羅蘭‧巴特》很好地抓住了這個主題；它指出，在羅蘭‧巴特的作品中，你意識到你不能光靠說「毫無疑問，這是因為你的身體和我的不一樣」這樣的話來和別人達成一致。[2]

第四，用「身體」替代「精神」符合巴特對於能

2　米歇爾——安托萬‧比爾尼耶、帕特里克‧朗博，《輕鬆學會羅蘭‧巴特》，巴拉爾出版社，1978年，第41頁。

指的看法，他強調能指的物質性是愉悅的源泉之一。當聽到歌唱的時候，他更願意使用具有身體意味的「聲音的質地」這樣的表述，而不是表現、意義或發音。在日本的時候，日本文化對於外國人而言所呈現的模糊特質(他不能理解對於本國人來說顯而易見的意義)讓他歡欣鼓舞。他所目睹的一切變成了令人愉快的身體運動的展示：「在那裏，身體存在」(《符號帝國》，第20/10頁)。

不過，雖然有這些特定的目的，求助於身體的做法總是可能陷入神秘化的困境。巴特自己的表述有時說明，來自身體的體驗更深刻，更真實，而且比其他事物更加自然。「我可以用語言做一切事，但身體卻做不到。我用我的語言來掩蓋的內容，我的身體卻把它說了出來」(《戀人絮語》，第54/44頁)。聽一位俄羅斯領唱者歌唱：「那裏有某個事物，顯露在外，難以去除，它超越了詞的意義(或者說，位於意義之前)，它就是這位領唱者的身體，從胸腔、肌肉、膈膜和軟骨的深處，從斯拉夫語言的深處，傳到你的耳朵裏」(《意象、音樂、文本》，第181頁)。把文本分析看作是基於享受的身體，這實際上就是宣稱這樣的分析具有相當程度的本真性——遠比基於懷疑的頭腦更加真實。《輕鬆學會羅蘭‧巴特》注意到，當被問到一個聲明背後的權威性時，像羅蘭‧巴特那樣說話的人應該回答：「我在我的身體那裏開口說話。」巴

特後來肯定了這一分析的靈敏性，在《明室：攝影札記》的開頭，他問道：「關於攝影，我的身體知道些什麼？」（第22/9頁）——這個問題以身體知識的優越性作為前提，它希望聽到這樣的回答：「甚至比你的頭腦所知道的還少。」

如果，就像在巴特的用法中時常出現的那樣，「身體」是「主體」的替代品，那麼這個術語就提供了一種方式，既能夠避免討論無意識和精神分析，同時又不必放棄對於自然的訴求，這樣的自然相比有意識的思維更加基本。巴特提出，對於過往時代的任何作家來說，「任何時候，只要是身體（而不是意識形態）在寫作，那麼總有取得『先鋒』效果的機會」（《訪談錄》，第182/191頁）。對於身體的召喚意味着，在作家思想所呈現出的稍縱即逝的文化特徵背後潛藏著某種自然根基；與此同時，對於身體的召喚也造成了巴特在「人的家族」中曾經分析過的神秘化現象，他在這篇文章中指出，某些照片試圖在人類身體中定位一種普遍自然，這樣的自然超越了文化條件和制度的表面差異。

巴特非常了解在訴諸身體（或者說，訴諸慾望；在近來的法國思想中，慾望同樣被用作自然的新代名詞）的過程中可能伴隨出現的神秘化現象。《意象、音樂、文本》注意到，有機總體概念（它「必須被分化」）的神秘力量很大一部分來自它對於身體的暗中

指涉，把身體視為統一的總體性所呈現的形象（第174頁）。《羅蘭·巴特自述》把身體視為他的「自然力量——詞彙」：「這個詞具有熱情、複雜、難以形容，甚至有些神聖的意指效果，它造成幻覺，讓人以為這個詞可以解釋一切」（第133/129頁）。但在他的新享樂主義中，巴特既不願意放棄這個術語，也不願意放棄對於自然的潛在指涉，他的新享樂主義時常把自然帶入到他的寫作中。他曾經無情地揭露資產階級想要以自然取代文化，從而消滅智識，完全依靠直接「感知」或本能，但現在他卻寫出這樣的話：「我確信自己聽到——身體帶來的確信，興奮帶來的確信——撥弦鍵琴所演奏的萬達·蘭多芙斯卡的樂曲源自她的體內，而不是來自這麼多演奏者瑣碎的手指彈撥（他們的人數如此之多，以至於它變成了一種完全不同的樂器）」（《意象、音樂、文本》，第189頁）。這是一個截然不同的巴特？

事實上，除了我剛才提到的策略功能，訴諸身體幾乎沒有任何解釋效力。在《明室：攝影札記》中，巴特問道：「對於攝影，我的身體知道些什麼？」他只發現某些照片「為我存在」。隨後，他「提出一條結構主義法則」，一條對比法則：一張照片的「感知層面」（這是巴特採用的名稱），是人們借助總體文化和對於世界的理解——對於被表徵物的理解——所得到的感受，而一張照片的「刺點」，則是打斷或者擾

亂那一場景的事物，「刺痛我的事件」（第44–49/23–27頁）。巴特得出結論：「我不得不承認，我的慾望是一種不完美的中介物，主體性一旦淪為享樂主義思想，就不可能接受普遍性」（第95/60頁）。（在《明室：攝影札記》的第二部分，他進一步把攝影與愛情和死亡的總體力量聯繫在了一起。）

儘管《文之悅》一再指涉身體的愉悅，但它同時也是一部理論作品。它把《S/Z》中提出的「可讀」與「可寫」之間的區別改為了「喜悅」與「迷亂」這兩種愉悅感受之間的非均衡的對立關係。有時，愉悅被用作各種閱讀愉悅的通用詞彙。「一方面，當我必須提及文本的過度狀態時，我需要一種泛指的『愉悅』……另一方面，當我需要把欣喜、充實、舒適（當文化自由滲透時所產生的充足感覺）與震驚、擾亂甚至失落（它們適合迷亂）區分開來的時候，我需要一種特指的『愉悅』，它是作為總體的大寫的愉悅的一部分」（第34/19頁）。巴特不時地強調這一區分：愉悅的文本是可讀文本，我們知道該如何讀這樣的文本；迷亂（"jouissance" 一詞不幸被英譯本的譯者誤譯成 "bliss"）的文本是「施加了一種失落狀態的文本，它讓人感覺不適（或許還會產生某種厭倦），擾亂了讀者的歷史、文化、心理等種種假設，也破壞了他的品味、價值觀和記憶的一致性，讓他和語言的關係產生了危機」（第25–26/14頁）。

圖13　與女演員瑪麗-弗朗絲‧皮西爾演對手戲，在安德列‧泰西內導演的電影《勃朗特姐妹》中，巴特扮演了薩克雷。

這本書探尋兩種文本或兩種關於文本的視角之間的關係(歷史學、心理學與類型學),在堅持區分的重要性之餘,還多次提出,文本愉悅和文本效果取決於能否在舒適的愉悅文本中找到迷亂的時刻,或者能否讓迷亂的後現代寫作變得充分可讀,從而能產生干擾性的、強烈的、令人異常興奮的效果。巴特寫道:「文化本身或文化的毀壞都不會引起慾望,真正引發衝動的是它們之間的缺口……給愉悅留下深刻印象的並不是暴力;破壞不會讓它感興趣,它渴望得到的是失落、縫隙、切口和收縮的場所,是在讀者迷亂的時刻將其抓住的消散」(第15/7頁)。在激發慾望方面,裸體還不如「服飾留出缺口」的部位(第19/9頁)。先鋒派技巧(或者說,對於傳統預期的干擾)作為可讀話語中的缺口,在驚奇之餘更能讓人愉悅:例如,福樓拜有「一種方法能割開缺口,在話語中打孔,並且不至於讓話語變得毫無意義」(第18/8頁)。「文本需要它自身的影子,些許意識形態,些許表徵,些許主體:鬼魂、口袋、蹤跡、必要的雲彩。顛覆必須產生它自身的明暗對比」(第53/32頁)。即使如此,巴特說,不連貫、消散、不確定和不可讀的時刻意味着某種厭倦。他說:「厭倦與迷亂相去不遠,它是站在愉悅的岸邊所看到的迷亂」(第43/25–26頁)。「不存在真誠的厭倦」──它只是根據其他要求所獲得的迷亂。

關於厭倦的這條格言可以說明巴特在《文之悅》中所做的努力。通常我們認為厭倦是一種直接的情感體驗，但它也是一種主要的理論類別，在任何閱讀理論中都起作用。如果人們仔細閱讀左拉小說中的每一個詞，他們就會感到厭倦。同樣，如果人們嘗試快速瀏覽《芬尼根的守靈夜》，希望能借此了解小說情節，他們也會感到厭倦。對厭倦進行反思就是要思考文本以及它們所需要的閱讀策略，這一舉動更多的是一種理論，而不是懺悔。如果說《文之悅》看起來並沒有嚴肅對待自己，沒有把自己當作一本理論著作，而且刻意避免連貫性，這並不意味着讀者就不用嚴肅對待這部作品，讀者應該把它看作是一項綿延的理論規劃中的若干片段。

巴特復興享樂主義的嘗試或許是他最難評價的理論設想，因為一方面這種嘗試沉溺於他之前曾成功揭露的神秘化運作，另一方面它又持續地向智識的正統地位發起挑戰。當代最強有力的理論設想（尤其是巴特曾經支持的那些）都把愉悅看作不相干的內容，放到一邊，因此他宣揚享樂主義的做法是一種激進的舉動。但與此同時，他褒揚文本愉悅的立場又將文學批評引向了傳統主義者從未放棄的那些價值觀，而對於許多人來說，他對於身體愉悅的指涉造就了新的巴特形象，不再像從前那樣令人生畏，不再偏重科學或智識。他公然反抗他曾經協助創立的智識氛圍，這一舉

動在某種程度上讓他更適應廣大公眾的品味，他們如今在他的身上看到了一個熟悉的形象：感情細膩的、自我放縱的文人，書寫他自己的興趣和愉悅，對於基本的思維方式不構成任何挑戰。巴特的享樂主義在某種意義上既是策略性的，又是激進的。因為倡導享樂主義，他一再受到他人的指責，被施加了自滿的罪名。《作家索爾萊斯》談到了「從能夠帶來感官享受的客體到話語的轉變過程」所帶來的核心愉悅，有了這種愉悅，最嚴肅的寫作也不再讓人厭倦。索爾萊斯的作品「《H》是一片詞語的森林，我在其中尋找能夠打動我的事物(當我們還是孩子的時候，我們時常在鄉下搜尋藏在那裏的巧克力蛋)……我等待着能夠觸動我並且為我確立意義的片段」(第58/77頁)。雖然在情感上試圖造成一種突降效果，上句括號中的內容或許是巴特作為作家最大膽的瞬間之一，但讀者在閱讀這樣的片段時應該帶着些許警惕。

第九章
作家

　　當巴特在《羅蘭・巴特自述》中回顧自己的作品時，他沒有把自己界定為評論家或符號研究者，而是以作家自居。他沒有考慮他所強調的概念是否正確，而是關注它們作為寫作策略所產生的效果：它們「讓文本得以運作」，它們「允許他發表看法」。母親的去世讓巴特想寫她，而他在法蘭西學院最後開設的課程，關於「小說的準備工作」，顯示出他對於作家的生活細節非常感興趣：他們如何利用自己的時間，他們的工作空間，他們在寫作時所經歷的社交生活。在訪談以及《羅蘭・巴特自述》中，他討論了自己「與寫作工具之間的關係」（更喜歡鋼筆，而不是圓珠筆或打字機），還有他的寫字台佈置和日常安排──《輕鬆學會羅蘭・巴特》一書對這些討論做了精彩的戲仿。巴特曾經宣稱，對於真正的作家來說，寫作是一個不及物動詞：他們不是在寫某件事，純粹就是在寫作。[1] 現在，他用這樣的話來介紹他自己的作品：他的

1　《寫作：一個不及物動詞》，收錄於《語言絮談》，第21–31/11–21頁。

工作不是分析特定的現象，而是寫作。《羅蘭·巴特自述》並非要對他過去的著作發表評論：「我放棄那種精疲力竭地追尋過往自我的做法，我不想復原我自己(就像我們在談論一座紀念碑時那樣)。我不會説：『我要描述我自己』；而是想説：『我在寫一個文本，我把它稱為R.B.』」(第60/56頁)。他認為，他的全部作品都在暗中試圖復興紀德式(Gidean)的日記體裁，作為一種文學形式，這些片段把自身作為分析對象，探尋作家與寫作之間的關係。

即使在他還在提倡新科學的時候，巴特也賦予了自己作家的特權，那就是竊取和利用其他學科的語言。《神話學》中，《當今的神話》這篇文章的第一段就告訴我們，神話是「一種言論」，「一種溝通體系」，「一個訊息」，同時也是「一種意指模式」。當他這樣表達的時候，他沒有考慮在語言學中這些術語之間的重要區別。後來，他與概念之間的這種「作家」關係更加明顯，這成為他作品的主題之一。他説，《明室：攝影札記》源自「一種含混、偶然，甚至有些憤世嫉俗的現象學，它隨時可能扭曲或者迴避它的基本準則，以求適合我的分析」(第40/20頁)。《羅蘭·巴特自述》中的一個片段用不同的話描述了這一傾向：

對於包圍着他的系統來説，他是什麼？一個回音

室：他拙劣地複製思想，他順從詞語，他尋訪詞彙(對它們畢恭畢敬)，他召喚概念，他以某個名義複述這些概念；他像使用標誌一樣使用這個名字(從而進行某種哲學性的象形表意實踐)，有了這個標誌，他就不必再遵循標誌所屬的系統，在這個系統中標誌是能指(作用就在於為他製造一個符號)。比如，「移情」這個術語源自精神分析，看似只限於這一領域，但它迅即脫離了俄狄浦斯情結這一原始語境。拉康的術語「想像界」經過擴展後，與經典的「自戀」概念產生交集……「資產階級」一詞繼承了馬克思主義的完整基調，但卻一直朝着美學和倫理學方向偏移。毫無疑問，詞語通過這樣的方式發生變化，各個系統達成溝通，現代性得到嘗試(就像我們在不知道如何使用收音機的時候，會試着按下所有的按鈕)，但由此而創造的互文本只停留在表面：它以鬆散的方式產生聯繫。這個名字(哲學的、精神分析的、政治的、科學的)與原始系統仍然保持一線聯繫，沒有被切斷：緊抓不放，漂移不定。毫無疑問，造成這一現象的原因是，我們不可能在渴望一個詞的同時，又對它蓋棺論定：想要抓住這個詞的慾望佔據了上風，但與此同時，部分愉悦也來自某種詞義的變動。

第78/74頁

不管把一個術語從它的原始體系中解放出來能帶來多少愉悅，「詞義的變動」對於巴特的寫作來說至關重要；後來他放棄了這一原則，改為自行發明術語，放棄了來自其他話語的支持，所產生的效果截然不同。巴特一直鍾愛分類，過去他常常採用專業術語或者從希臘語中借用。在《論拉辛》中，他堅持認為，有三種文學史：文學所指的歷史、文學能指的歷史和文學意指行為的歷史。使用構成整體並且有思想體系作為支撐的若干術語，會讓這樣的分類顯得合理、可信，哪怕這些術語脫離了本義，被挪作它用。作為比較，不妨來看《作家索爾萊斯》中的分類，巴特在這本書中提出，有五種解讀索爾萊斯的方法，大體上可以翻譯為：刺穿式、品嘗式、展開式、鼻子貼地式和全景式（第75–76/89–90頁）。這一分類具有雙重比喻用法：首先，這些類別看起來就像是模式或鑰匙（「在全景模式中」的解讀）；其次，它們來自截然不同的話語領域。它們之間沒什麼共同點，只是以間接的方式被用於閱讀。「刺穿式」閱讀就是從各個地方挑選出喜歡的短語，「品嘗式」閱讀就是要詳細體會某些特定內容，「展開式」閱讀就是要快速平穩地前進，而「鼻子貼地式」就是要逐詞閱讀。最後，「全景式」閱讀採取總體概覽的方式，把文本看作是背景中的一個客體。我們可以把這樣的分類方法稱為一次性分類：很有幫助，或許稱得上睿智，但沒有理論立

場，其他人基本不可能把它納入閱讀理論。巴特繼續發表他的理論聲明，但他所使用的表述方式卻恰恰破壞了這些聲明的理論地位。

作為一個作家，他卓爾不群，令人敬畏：他是法語散文大師，為學術討論創造了一種新的、更富活力的語言。他採用一種極度鬆散、大量採用同位語的句法，把眾多短語和分句串在一起，這些短語和分句從不同角度對一個現象進行描述，由此他可以將具體的質感賦予抽象概念。他的創作藝術的根基在於術語的應用，把它從通常的語境用到一個截然不同的新語境之中，或許在他運用的隱喻中這一做法最為明顯。他在這些隱喻用法中明確揭示了原先的語境：「我不是要修復我自己（就像我們說修復一座紀念碑那樣）」，「免除意義（就像人們免除兵役那樣）」。巴特把他的想像力描述為「同構的」而不是隱喻性的，目的在於比較不同系統而不是特定的客體（《羅蘭‧巴特自述》，第62/58頁）。這既是他的風格特點，也是他所採取的總體分析策略的特點，當他把某個活動視作一種語言，找出其中蘊含的構成部分和差異時，就會表現出這一特徵。

《符號帝國》是他在批判性和分析性著作之外所寫的第一部作品。他說，日本「在寫作層面上極大地解放了我」（《訪談錄》，第217/229頁）。他發現，在日常生活中，在他眼前有若干事物和實踐能夠激發一

種快樂的寫作，一種快樂的《神話學》，它屬於某個與我們形成鮮明對照的異域文明。他沒有想像一個虛構的烏托邦，而是這樣寫道：「無須以任何方式描述或分析任何現實，[我就能夠]從世界的某處選擇一些特徵(一個用圖形或語言來表達的術語)，用它們來構成一個體系。這個體系正是我所說的『日本』」(第93/71頁)。二十六篇較長的片段對於這個文化的某些方面進行了思考——食物、戲劇、臉、沒有實質內容的精美包裝、俳句、投幣機——這些片段勾勒出巴特的烏托邦，精湛的技巧在這裏佔據上風，形式沒有了意義，一切都是表層。那個創造了經濟奇跡和技術優勢的資本主義的日本沒有露面，但巴特知道，他不該刻劃理想化的日本形象，因為在當時，他的一些朋友正通過《泰凱爾》(*Tel Quel*)雜誌宣揚毛澤東和中國的文化大革命。不管現實如何，日本讓巴特置身於寫作的情境之中。

《羅蘭・巴特自述》或許是這位作家最值得稱道的一次表演。書中收錄的片段按字母順序排列，一些片段以第一人稱自述，另一些則採用第三人稱敘述，這些片段的標題都很隨意，很可能是事後補加的，以顯示各段之間的聯繫。這本書「不是他的思想之書」，而是「他對於自己思想的抵抗之書」(第123/119頁)。由於書中的自我批評，這本書對於讀者具有誘惑力，人們把它作為一種權威性的導讀，尤其

因為它否認了自身的權威：「我所寫的關於我本人的文字並非蓋棺論定：我越是『真誠』，就越有被闡釋的可能……我的文本相互脫節，沒有哪個文本能夠涵蓋其他任何一個；後者只是一個進一步的文本，在文本序列中排在最後，但不代表終極意義：文本不斷累加，永遠不澄清任何意義」（第124/120頁）。

他抗拒自己的思想，他談論「R.B.」，不是為了分析他自己，而是為了「呈現一個形象——體系」——圍繞着他本人的形象，安排好它們的位置，就像舞台上的布景屏，靠近兩翼的部分更突出一些，其他的部分更靠後一些。他提供童年時代的回憶，比起之前他對於自己人生的點評，這部分回憶更加積極，更加懷舊。他毫不猶豫地勾勒出他本人的生存狀態——平靜的中產階級生活，尤其是當他在鄉間度假的時候。他說，「顯然，當我暴露私人生活最多的時候，也就是我暴露自我最多的時候」，因為根據左翼知識分子的信念，真正的「私人的」、不體面的生活，「是瑣碎的行為，是主體所表露的資產階級意識形態的痕跡」（第85/82頁）。當巴特採用這些術語的時候，他的確冒了一定風險，雖然在其他話題上，這本書令人驚訝地有所保留。他提及他的母親，但從未提到他同母異父的弟弟（在他的寫作中，有某種含混的動機系統性地將這個兄弟排除在外，彷彿他的想像力要求他的母親只為他一個人存在）。雖然他大肆宣揚

身體，但在與性有關的話題上卻從不輕率。論「女神H」的一個片段這樣寫道：「變態(在本例中，指兩種以字母H開頭的行為：同性戀和烈性大麻)所獲得的潛在愉悅總是被低估」(第68/63頁)，但沒有任何聲明或逸事透露他的性生活。他去世後公開的文本，尤其是《事件》，才揭露了巴特並不快樂的同性戀生活：他一直想着年輕男子，但又拒絕付諸行動；他吐露了自己在那些會面中的失望之情。在「書寫自我的時候，在整合形象體系的時候，我把它固定起來，從而保護我自己，同時也披露我自己」(第166/162頁)。其中的比例經過仔細計算。

下列片段或許完美地呈現出了巴特的特點，這是一種對於寫作的自覺反思：

這本書迴盪着一種格言式的基調(我們、人們、總是)。現在格言總是與一種本質主義的人性觀相互串通，它和古典意識形態聯繫在一起：它是最傲慢(通常也是最愚蠢)的語言形式。那麼，為什麼不拒絕它？理由與情感有關(並且總是如此)。我寫作格言(或者說，我描繪它們的運動)的目的在於重新確認我自己。當某種干擾出現的時候，我把自己托付給某個超越我的力量的固定物，從而減輕那種干擾對我的影響。「事實上，總是像那樣。」於是，格言就誕生了。格言是某種句——名，命名就是平復

情緒。而且，這也是一句格言：通過書寫格言，它減輕了我對於嘗試過度言行的恐懼。

《羅蘭‧巴特自述》，第181/17頁

這樣的思考的力量取決於它們能否辨認出智識建構背後的情感原因：它們發出呼籲，彷彿在尋找對於世界的解釋。但由於產生誘惑的內容是一種強有力的闡釋——一種智識建構——讀者就像作者本人一樣，被困在話語的圈子裏。人們越是信任這樣的思考，就越是要懷疑它。這種佈陷阱的舉動正是強有力的寫作所帶來的必然結果。

　　作為作家，巴特最受歡迎同時也最不尋常的表演是《戀人絮語》，這是一部源於愛情話語的作品。這種語言——主要是戀愛中的人在獨處時所發出的抱怨和反思，而不是與他或她的愛人之間的交流——並不流行。雖然數以千萬計的人說著這種語言，在通俗愛情故事、電視節目甚至嚴肅文學中都充斥着此類話語，但還沒有哪個機構來探索、保持、修訂、評判、重複這一話語，或者對此負責。

　　巴特擔負起類似的責任，他在這些話語中找到一種方法來製造「準小說」：去除情節和人物的小說。在按照字母順序排列的各個標題下，從沉醉到佔有慾，巴特把不同類型的話語集合在一起：出自文學作品的引言和釋義，尤其是歌德的《少年維特的煩

圖14 「彼得完全是虛構人物，但作者把他描寫得非常好。」

惱》；以第一人稱所作的聲明，一位無名的戀愛者
思考並描述他的處境；還有各種理論寫作所帶來的
思考(柏拉圖、尼采、拉康)。這一系列片段，或者說
「figures」(這是巴特本人的用法，「figures」在此意
為「姿態」)，為小說提供了材料，即大量場景加上或
熱情洋溢或思緒萬千的言談。這裏有誘人的暗示，透
露個人的愛情故事，但這裏沒有發展或連貫性，沒有
情節或戀愛關係的進展，而且沒有人物的發展，只有
泛化的角色(戀愛的人和被愛的人)。

這些片段的標題是一些與愛情有關的「數字」或「次序」：

如果說有「焦慮」這樣一種姿態，那是因為主體有時大喊(毫不顧忌這個詞的精確意義)：「我正遭到焦慮的攻詠嘆調，正如人們也通過詠嘆調的開場白來辨認、記憶並操控它(「當我被埋下」、「我的眼睛在哭泣」、「當群星閃耀」、「不要哭了，我的命運」)。因此，姿態不同於表達方式，也不是某種韻文、疊句或吟誦，這些方式只能在黑暗中來表述它。

第9/5頁

「我想要理解……」，「該做些什麼……」，「當我的手指偶然……」，「這不能再繼續下去……」，這些是巴特的各種愛情姿態所使用的開場白，他說這些句子引出了我們能夠辨識的片段。「一旦我們能夠在一閃而過的話語中辨識出某個被讀出、聽到、感受到的事物，種種姿態就會形成」(第8/4頁)。正如一種語言的語法實質上是對母語者的語言能力所作的描述，目的在於抓住對於這種語言的使用者來說在語法上可以接受的部分，巴特同樣試圖抓住在戀人的抱怨中可以接受和辨識的部分，其依據是我們的文化代碼和樣板。他將歌德的《少年維特的煩惱》作為參照，因為

對於歐洲文化的大部分地區來說，《少年維特的煩惱》是愛情態度的樣板，它為這種感傷的、被忽視的複雜修辭提供了豐富的寶藏。

巴特提出要模擬這一話語，而不是去分析它，但是分析性的內容頻繁出現，這位模擬的戀愛者證明了自己是個熟練的分析員，對他的條件和圍繞他的符號進行了深入思考。以「當我的手指偶然……」為例，「這一姿態指向與慾望對象的身體(更確切地說，是皮膚)接觸所激發的任何內在話語。」人們可能會期盼這位戀愛者專注於身體接觸帶來的感官快樂，但——

> 他沉浸在愛河之中：他到處創造意義，無中生有，正是意義讓他興奮：他正在意義的熔爐中。對於戀愛的人來說，每一次接觸都引出了如何回應的問題：皮膚被要求做出回答。
>
> (捏手——大量的信息——手掌內的細微手勢，不肯移開的膝蓋，手臂似乎很自然地沿着沙發後背伸展，對方的腦袋漸漸靠在手臂上——這就是細微的、秘密的符號所佔據的美妙世界：像一次節日慶典，不是歡慶感覺，而是慶祝意義。)
>
> 第81/67頁

戀愛的人生活在符號的宇宙裏：與愛人有關的一切都具有意義，他可以花上數十小時來劃分和闡釋行為的

各種細節。「事情很瑣碎(它總是如此)，但它吸引我用自己所掌握的全部語言去描述它」(第83/69頁)。

在描述戀愛者的符號性思維時，巴特花樣百出且令人信服。戀愛者常常發現自己陷入了「協商的姿態」，要考慮「該做些什麼」：

我對於行為的焦慮毫無用處，而且，永遠都是如此。如果對方出於偶然或者疏忽，給了我某個地方的電話號碼，讓我在特定時刻能夠聯繫上他或她，那麼我立即就陷入困惑：我該不該打電話？(僅僅告訴我可以打電話，這沒有用──那是這條訊息客觀而合理的意義──因為正是這一許可讓我不知道該怎麼處理。)

……對於我這樣的戀愛主體來說，一切新鮮事物，一切擾亂我的事物，都不是作為一個事實而是作為一個符號被接受的，它必須得到闡釋。從戀愛者的角度來說，事實之所以能產生影響，正是因為它立即被轉化為一個符號：是符號而不是事實在產生影響(通過它的迴響)。如果對方給了我這個新的電話號碼，這是個什麼符號？是邀請我立刻打電話以享受通話的愉悅，還是說通話只是出於需要？我的答案本身將成為一個符號，對方將立刻予以闡釋，由此在我們之間開始了交互進行的形象操控。一切都產生意指：提出這一觀

點意味着，我把自己引入圈套，我把自己束縛在計算之中，我讓自己遠離享受。

有時，對於「虛無」（正如世界對它的看法）的思考使我窮盡了我自己；隨即，作為一種回應，我嘗試着返回——像一個溺水的人踏在海底——回到一種自發的決定(自發性，偉大的夢想，天堂、力量、迷亂)。繼續，打電話，既然你想這麼做！但這樣的求助只是徒勞。戀愛時間不允許主體把衝動和行動混為一談，讓它們同時發生。我不是個僅僅「表演出來」的人——我的瘋狂得到緩解，它沒有被看到；我立刻就擔心後果，任何後果：正是我的擔憂——我的思考——它是「自發的」。

第75-76/62-63頁

這樣的準小說片段不僅刻劃出戀愛者思想的可辨識的姿態，而且生動地展示了意指的機制及其束縛力。戀愛的人、痴迷的闡釋者、對於他的闡釋困境有着清醒認識的分析者，這些人與符號研究者或神話研究者的不同之處在於話語的情感特質：他把常規符號誤當成出於某種動機的符號，把特殊意義強加給周圍的平凡事物，並且把這些意義看作是固有的、內在的。[2] 這種情感特質「受到當代觀點的質疑」，讓愛情變得不

2　對於情感的符號學分析，參見拙著《福樓拜：不確定性的使用》，康奈爾大學出版社，1974年，第225-228頁。

再時尚，甚至變得「猥褻」，成為文明人不便聚眾討論的話題——它不像性，後者已經被當前的話語所接受，成為一個重要主題。「(歷史性的顛倒：現在不體面的話題不再與性有關，而是與情感有關——以另一種道德的名義對它進行譴責)」(第209/177頁)。但是，戀愛的情感特質所蘊含的真正的「猥褻性」在於，人們不能光靠公開表露情感來獲得誇張的違規效果，以求徹底地出格。「愛情的猥褻是一種極端。任何事物都無法救贖它，賦予它違規行為的積極價值……關於戀愛的文本(幾乎不能算作文本)由瑣碎的自戀和渺小的心理所構成；它缺乏宏偉：或者說，它的宏偉之處……就在於無法達到宏偉」(第211/178–179頁)。

作為薩德侯爵(Marquis de Sade)的支持者，巴特努力想要營造一種適合違規逾矩的思想氛圍。他認為，重新展示平凡愛情中的情感特質，是對於違抗行為的違抗，是違背正統觀念(它看重激進的違規實踐)的做法。巴特寫出了被人忽視的愛情話語中的種種姿態，在《戀人絮語》中他讓我們吃驚，因為他讓愛情——借助最荒誕和最富情感的形式——不僅以一種準小說的方式打動了我們，而且成為了符號研究的對象。

第十章
文人

　　巴特宣稱：「我沒有傳記，或者應該說，自從我寫下第一行文字開始，我就不再看見我自己。」雖然他回憶並描述了他的童年和青少年時光，但從那以後，「一切都經由寫作發生」（《訪談錄》，第245/259頁）。他不僅對自我進行了敏銳的反思，而且流露出自我貶低的傾向，這些思考以多種多樣的想法、宣言和觀點的形式表現出來，這是一些不穩定的片段集合，缺乏一致性或中心點：「我所寫的那個主體缺乏一致性」（第283/304頁）。《羅蘭‧巴特自述》在兩種觀點之間搖擺。一方面，它抱怨「書寫自我」會以虛構的內容取代自我。「在語言之中自由翱翔的時候，我不知道該把自己比作什麼；……符號變成了直觀的對於主體生命的重要威脅。書寫自我看起來是個很自大的念頭，但同時它也是個很簡單的想法，和自殺的念頭一樣簡單」（第62/56頁）。但另一方面，這些片段也得出結論──在虛構背後，一無所有：自我是一種話語建構；「主體僅僅是語言的效果」，一個由字母組成的自我（第82/79頁）。「我是否知道，在主

體的領域內，不存在指稱對象？……我就是發生在我身上的故事」（第60/56頁）。對於他本人，也對於我們大家來說，巴特是文本的集合，不可能通過明確哪一種說法或觀點屬於真正的「巴特」來消除其中的對立或矛盾——除非「巴特」本身就是用來梳理這些片段的一種建構。

說巴特是個文人，是因為他的人生是寫作的一生，是一段和語言共同經歷的探險，但到了生命的晚期，巴特扮演了傳統意義上的文人角色。他代表着「文學價值」：他熱愛語言，尤其是那些精妙的措辭和豐富的意象，他能敏銳察覺客體和事件的心理暗示，他對於各種文化生產滿懷興趣，並且堅持精神生活的重要性。他不僅是個批評家，還是個文學人物。對於他的同時代人來說，他關於文化問題所做出的論斷代表着一種文化和美學態度。當他和記者談起懶散的時候——他生命裏接受的最後幾次訪談之一就叫作「敢於懶散！」——有理由相信他會給出優雅、新奇的說法，他的話總是帶着理論的活力，還有睿智的鑒賞力和對於精神價值的關注。他定期為新書或展覽目錄撰寫序言，討論食物，看歌劇表演，彈鋼琴，回憶童年。[1]在法蘭西學院的就職演說中，他聲稱「偉大法

---

1 特別有趣的是兩篇文章。一篇是《藝術的智慧》，這是巴特為一本展覽目錄《賽‧通布利的繪畫及素描作品，1954–1977》所寫的序言，該展覽在惠特尼美國藝術博物館(紐約，1979年)舉行。這篇文章後來

國作家的神話，寄托所有高雅價值觀的神聖形象，已經瓦解了」，一種新的類型已經出現，「我們不再知道——或者説現在還不知道——究竟該如何命名他：作家？知識分子？撰稿人？無論如何，文學的掌控正在漸漸消失。作家不再佔據舞台中央」（第40/475頁）。巴特本人或許就是這種新型人物，他以放棄掌控的方式來獲取權威，他提倡「新鮮體驗」：借助當代理論語言，以片段的形式來探索思考和生活的經驗。

巴特的最後一部作品《明室：攝影札記》表明，他扮演着文化評論員的角色。他吸收消化了專業知識，強調他對於攝影的思考只限於他的文學文化、他的敏鋭觀察和他的人生體驗。他決定要從他母親的一張照片裏「得出攝影的全部內容」，對於他來説，這張照片代表着母親「變成了她本人」。他把攝影與愛和死亡聯繫在一起，雄辯而又敏鋭地分析了他對於母親近期去世這一事件的反應：「我所失去的不是一個人物形象（母親），而是一種存在；不是一種存在，而是一種品質（一個靈魂）：不是不可或缺，而是不可替代。我可以在沒有母親的情況下繼續生活（我們遲早都要這樣做），但剩餘的生活將絕對地、完全地缺乏品質」（第118/75頁）。

收入《形式的責任》，第157–176頁。另一篇文章是《布里亞–薩瓦蘭的講課》，這是他在布里亞–薩瓦蘭的《味覺生理學》再版時（赫爾曼出版社，1975年）所寫的序言，收入《語言絮談》，英譯本，第250–270頁。

他總結道，照片說「這曾經存在過」，「照片的本質在於認可它所代表的對象」（第133/85頁）。在這種寫作模式中，巴特以一種平和的方式代表着文學鑒賞力所能獲得的「智慧」或洞見。《新聞周刊》的一篇書評注意到了這種模式的魅力，它稱讚了這本「偉大的著作」所蘊含的充滿激情的人文主義思想：「巴特引領讀者踏上一段精緻的、充滿激情的旅程，去尋訪他本人的內心和他所愛的媒介，這種媒介一直試圖表現人類生存狀況中那『難以企及的現實』。」

羅蘭·巴特，這位資產階級神話的批評者，是如何走到這一步的？在《羅蘭·巴特自述》中，他描述了一種機制，並提出了一種發展軌跡：

應對辦法：他人提出的某種信念（大眾觀點），難以容忍；將我自己從中解脫出來，我提出一個悖論；然後這個悖論失去效果，變成一種新的凝固狀態，變成了一種新的信念，而我必須繼續尋找新的悖論。

讓我們順着下列軌跡前進。在作品的源頭，社會關係的模糊性，不真實的自然；隨後，第一個行動是揭開神秘面紗（《神話學》）；隨後，消除神話的努力在一再重複之後變得僵化，就必須將其替換：符號科學（隨後提出的）提供一種方法，從而激發了那個神話姿態，為它帶來活力和武器；

圖15　巴特彈鋼琴。

> 與此同時，符號科學將遭遇積聚的全部形象：符
> 號科學的目標被符號研究者的科學研究（往往令
> 人沮喪）所取代；因此，我們必須擺脫那種做法，
> 必須在理性的形象集合中加入慾望的質感，加入
> 身體的訴求：這，就是大寫文本，這就是關於大
> 寫文本的理論。但是大寫文本同樣可能有僵化的
> 危險：它自我重複，在大量的小寫文本中仿造自
> 我……大寫文本往往退化成雜談。下一步該做什
> 麼？那就是此刻我所處的位置。

第75/71頁

在最初階段，他想要改造符號：他一直重複「我指着
我的面具前進」這句話（《寫作的零度》裏就提到了三
次），把它視為意指實踐的理想格言。關於符號的科學
研究把當代研究中最有趣的分支整合在一起：「精神
分析、結構主義、遺覺心理學、一些新的文學批評（巴
什拉率先提供了若干實例），這些研究不再單純關注事
實，而是分析那些具有意指性的事實。現在提出一種
意指性，就是向符號研究尋求幫助」（《神話學》，第
195–196/111頁）。但建立一種符號研究的方案確定之
後，巴特的反應卻把他的作品變成了對於科學的「反
寫作」。他試圖建立的元語言現在被視作給定物：為
了給理論「鬆綁」，他接管了這些術語，把它們與大
多數的界定性差異區分開來，推動它們進入其他關

係。文本——巴特所使用的魔力詞彙之一——現在代表着一個無法掌控的客體，一個考察意指關係的持久視角。文本源自之前的話語，它與文化的全部內容有關。讀者概念和文本概念一起構成了一對無法掌控的範疇：針對任何想要通過分析來掌控文本的企圖，人們都可以通過強調讀者的關鍵作用來予以回應——在讀者所生產的意義或結構之外，不存在意義或結構。但是反過來，針對任何想要把讀者作為(心理)科學分析對象的企圖，人們也可以強調，文本能打破讀者最確定的假定，使讀者最具權威性的策略落空。

互文本	類型	作品
（紀德）	（寫作的慾望）	/
薩特、馬克思、布萊希特	社會神話研究	《寫作的零度》劇評《神話學》
索緒爾	符號研究	《符號學原理》《流行體系》
索爾萊斯、克里斯蒂娃、德里達、拉康	文本性	《S/Z》《薩德、傅立葉、羅尤拉》《符號帝國》
（尼采）	道德	《文之悦》《羅蘭·巴特自述》

圖16　互文本、類型和作品的示意表。

在《S/Z》之後，巴特對於文學的看法有一個顯著特徵，那就是在他的論述中，讀者和文本可以輕易地互換位置：讀者建構文本的故事反過來就變成了文本操縱讀者的故事。在為《萬有百科全書》所撰寫的「文本理論」條目中，他寫道：「是文本在不懈工作，而不是藝術家或消費者。」在下一頁他又回歸了第一個立場：「文本理論消除了對於自由閱讀的所有限制(授權[讀者]以完全現代的視角來解讀過去的作品……)，但它同時又堅持認為，閱讀和寫作具有同等的生產效力。」一方面，他認為讀者是文本的生產者；另一方面，他又把文本描述為這些活動中的控制力量。結果就是，他沒有採用系統性研究視角，而是把注意力都放在讀者與文本之間的交互作用上。[2]

巴特的寫作轉向了身體和日常生活的愉悅，這是一次重要的移位。至少，他在這個新階段的寫作主題和模式讓他變得與曾經遭他抨擊的資產階級品味更加融洽。「愉悅」、「魅力」和「智慧」等新詞減少了智識的威脅性，而新的主題——愛的憂傷、童年回憶、對母親的依戀以及鄉村生活——讓法國公眾發現，原來巴特還是個作家。誰能想得到，那個曾經帶頭高呼「作者之死」的羅蘭·巴特如今居然在法蘭西學院開設講座，討論法國經典作家的習慣(巴爾扎克

2　關於這一問題的討論，參見拙著《論解構》，康奈爾大學出版社，1982年，第1章。

的晨袍、福樓拜的筆記本、普魯斯特的軟木貼面的房間）？而且他還說，他的著作並不屬於這樣或那樣的總體設想，而是體現了他的個人慾望。或許我們可以通過他最喜愛的螺旋形象來描述這一奇怪的現象：之前被他拒絕的種種態度重新出現在他的寫作中，但出現在另一個地方，在另一個層面上。當他聲稱他反對所有體系的時候，他很像是那些傳統的文學研究者，年輕時的羅蘭·巴特曾遭到他們的輕蔑指責，他們認為他缺乏敏銳的洞察力，只知道把複雜的現實簡化成幾個概念。在《明室：攝影札記》中，巴特聲稱，「關於我自己，唯一能確定的是，對於任何簡化系統的竭力抗拒」（第21/8頁），他似乎已經忘記了系統的策略功能，即系統能夠避免人們淪為文化領域中無人注意的、「自然的」公式化形象。

巴特當然注意到，他後來的主題和態度對於他曾經試圖改變的文化傳統來說彌足珍貴，但他將此視為另一種違抗，一種力圖打亂知識分子正統的努力。「把一點情感重新引入業已被打開、認可、解放和探索的政治——性話語當中，這難道不是最終的違抗嗎？」（《羅蘭·巴特自述》，第70/66頁）。人們可以認為，巴特的作品營造了一種思想氛圍，使得他可以把傳統的話題作為一種先鋒派的違抗行為重新引入其中，但還存在幾個問題使人們難免質疑他的最終階段能否算作激進。

首先，自然輕易地回到他的作品中：主要借助身體作為掩飾，另外也作為哲學中「不可觸及的指涉物」，它就在那裏，具有權威，不容置疑。巴特的評論著作和分析著作一再流露出將自然置於文化之下的企圖，並且試圖為人們的行為和闡釋尋找一種自然依據。但到了後來，他越來越依賴於一種話語法則：當你揭示自然其實是文化產物，並且將它從一個地方驅逐出去的時候，它重新出現在了其他地方。

其次，巴特從他宣稱放棄的系統性努力中獲益良多；如果他能夠認識到這些收益的話，或許人們能夠更好地接受他的背棄做法。如果他那些簡短的思考沒有以多種方式——按詞彙或明確的主題排列——與他賴以成名的系統性分析聯繫在一起的話，他就不可能作為一個專寫片段的作家而取得成功。《羅蘭·巴特自述》中的思考之所以引起激烈反響，正是因為他用新的方式使用了熟悉的術語——給這些術語曾經協助創立的理論鬆綁。巴特的作品總是不完全的：他只提供項目、綱要和視野。當他把殘缺作為一種優點的時候，就像在《S/Z》裏那樣，他就顯得讓人惱火，因為對於代碼的深入研究事實上強化了一種巴特式的分析。在他的後期作品中，他厭惡體系，這顯然是在抗拒權威，但也可以被解讀為自私、自滿——就好像他把懶散當作一種抵抗權威的策略，於是他就照著自己的建議去做：「敢於懶散！」

第三，巴特的作品日益推動着一個強大的神話，那就是「免除意義」。在《羅蘭‧巴特自述》中，他寫道：「很顯然，他夢想着一個免除意義的世界(就像免除兵役)。這始於《寫作的零度》，在這本書中他想像『全體符號的缺席』；隨後，他一再重申了這一夢想(論先鋒派文本，論日本，論音樂，論亞歷山大詩體等等)」(第90/87頁)。這個夢想無處不在，它並不是追求無意義，而是呈現空洞意義的形式。作為一個批評概念，這個夢想一度具有重要的戰略意義——別的且不論，至少它鼓勵一種尋求理解形式的詩學，而不是一種尋求意義的闡釋學——但在他的後期作品中，巴特轉而支持那些傳統的、前符號研究的概念，並且把這看作一種違抗。他聲稱，照片僅僅代表曾經存在的事物：他回憶起一張奴隸的照片，照片裏「奴隸制沒有經過任何中介，直接呈現在眼前；事實不必借用任何方法，直接得以確立」(第125/80頁)。這恰恰是《神話學》分析過的另一張照片所使用的藉口，在那張照片中，一名黑人士兵朝着法國國旗敬禮。巴特批評了那張照片的虛偽，認為它假裝沒有經過任何中介，直接呈現事件(它的藉口是，向法國國旗敬禮的黑人士兵確實存在)，並且輕鬆地做出論證，認為那張照片已經加入到法國文化的意識形態體系中。

巴特察覺到，在這裏存在一個問題。題為「免除意義」的片段繼續寫道，「古怪的是，公眾恰恰認為

圖17 左撇子。

應該存在這樣的夢想；信念同樣不喜歡意義……它用具體來反抗意義的入侵(知識分子必須對此負責)；所謂具體，就是人們認為理應抗拒意義的事物。」但或許這並不奇怪，這兩個例子其實體現了同一個神話，只不過隨着這個神話在巴特的作品中螺旋式地回歸，它獲得了更為雄辯的表述。巴特認為，他並不是在重複這一神話：他並不是在尋求先於意義的條件，而是要想像某個超越意義的條件(意義背後的某個事物)：「要想削弱意義，免除意義，就必須橫跨全部意義，就像在加入秘密社團時要經歷全部的考驗。」在他關於文學的大多數作品裏都提到了這一區分，但當他轉向攝影的時候，他想到的不是一種清除意義後的空洞，或者對於文化代碼的干擾，而是先於意義就在那裏的狀態。他挑戰所有關於意義的最令人信服的論述，也包括(或者說，尤其是)他本人之前的作品，從而重新肯定了他曾經教我們抗拒的那種神話。那個曾經提出我們無法脫離意義的符號研究者，如今卻日益傾向於尋找能夠逃脫文化代碼的自然空白，但我們或許不必對此感到驚訝。

在重新回歸(但出現在另一個地方)的眾多事物中，還有19世紀的傳統文學。巴特起初是實驗文學(福樓拜、加繆、羅伯-格里耶)的支持者，對於那些舒適易懂的文學作品，他要麼把它們放到一邊，認為它們沒能嘗試語言實驗，要麼對這些作品賴以運作的文化

代碼持批判態度。但到了後來，那些作品作為他的最初愛好，同時也作為他在法蘭西學院開設的講座的主題，又重新回到他的視野中。他的整個設想甚至可以被看作一種迂迴策略，目的在於打破學院派對於19世紀文學的控制，由此他可以重新引入這些文學作品，不是作為知識或研究的對象，而是作為愉悅的對象，作為一種悄然進行的違抗的根源。《S/Z》和《文之悅》把先鋒文學作為範式，提倡一種新的閱讀實踐，以此來揭示巴爾扎克、夏多布里昂、普魯斯特等人作品中的過度、複雜和顛覆。《戀人絮語》使《少年維特的煩惱》那種感傷和過時的話語重新引起當代讀者的興趣。這不是一般的成就，只有通過理論爭辯來打破傳統批評對於文學的掌控，才有可能做到這一點。下面這段雄辯的言論出自巴特的法蘭西學院就職演說：

> 傳統的價值觀不再傳播、不再流通、不再給人留下深刻印象；文學失去了神聖的光環，各種機構和制度無力保衛它，無法將它作為人的潛在範式。這並不是說，文學被摧毀了，而是說它不再得到保護。因此，現在到了該保護文學的時候。文學符號研究就是這樣一段旅程，它會帶我們到達一個自由國度，天使和惡龍不再守護在那裏。我們的目光可以落到某些古老而又可愛的事物上——這算是種反常——它們的所指是抽象的、

過時的。這是個頹廢卻又有預見性的時刻，一個
溫柔的末日啟示時刻，一個帶來最大愉悅的歷史
時刻。

第475–476頁

沒有哪個單一的理論規劃能幫助我們了解這個怪異的
時刻(曾經被否定的事物重新出現)，只有巴特一連串
各具特色的設想能做到這一點；只有那些迥然不同的
寫作才有可能創造出愉悅、理解和復興。

第十一章
巴特身後的巴特

　　巴特去世之後，他的名望發生了什麼變化？至少有三件事值得關注。1987年，巴特的文學遺囑執行人弗朗索瓦·瓦爾(François Wahl)以巴特的名義出版了一本很薄的小冊子，名為《事件》。它包括四篇文章，其中兩篇非常短，另外兩篇稍長。瓦爾聲稱，這些文章都體現了寫作試圖抓住直接體驗的努力(第7頁)。[1] 瓦爾出版此書的舉動引發了極大的爭議，因為篇幅稍長的兩篇文章《事件》和《巴黎之夜》涉及巴特的同性戀行為，這是他本人在那些最具自傳色彩的作品中也刻意避免的話題。《事件》以速寫的風格，記錄了巴特於1968年和1969年在摩洛哥時的見聞片段——大多數片段只有幾個句子——其中提到的摩洛哥男孩引人注目。安德雷·紀德在日記中曾記錄了他本人在北非地區的同性戀行為，巴特的文本一定程度上受其影響，他沒有展開敘述，而是以簡潔的片段來假定(而非描述)同性戀體驗：「穆斯塔法深愛着他的帽子。『我的帽子——我愛它。』」他不願意摘下帽子

1　英譯本沒有收入弗朗索瓦·瓦爾的序言。

來做愛」（《事件》，第30/19頁）。《羅蘭·巴特自述》中曾描述過一本書的寫作計劃，書名就叫「《事件》（迷你文本，俏皮話，俳句，符號體系，雙關語，任何像樹葉那樣墜落的事物）」，瓦爾發表的文本顯然與此有關（第153/150頁）。但正因為《事件》缺少大事、雙關語、笑話，而且它的符號體系在形式上也與俳句相去甚遠，因此那些簡潔的觀察記錄背後所潛藏的性愛場景自然就引起了讀者的注意。

瓦爾發表的另一個文本引發了更強烈的興趣，同時也讓更多人覺得失望，那就是《巴黎之夜》（巴特所用的標題是《毫無意義的夜晚》）。這些文字寫於巴特去世當年的夏天，記錄了他在巴黎的夜生活：與朋友聚餐，看電影，在小餐館打發時間，時而漫不經心地與一些年輕男子套近乎，時而又覺得那些年輕男子的親近讓人煩惱，寧願不受打擾，一個人安靜地看報紙。之前在一篇題為《仔細考慮》的文章中，巴特曾思考過日記這一體裁：我應該帶着準備發表的念頭來記日記嗎？他列舉了種種缺陷：日記沒有「任務」，沒有必要性；它迫使寫作者擺出種種姿態，卻又以其瑣碎、卑微和虛假的特性不斷提出一個滑稽的問題：「我是這樣嗎？」（《語言絮談》，第435–438/369–372頁）。但看起來正是這些缺陷吸引巴特嘗試了日記體裁。由這些不起眼的片段所組成的符號體系成為一種「幾乎不可能」的寫作形式，它的魅力來自它所拒

絕的一切：意義、連貫性、情節、整體結構。

不過，在具體實踐中，《巴黎之夜》對朋友的身份遮遮掩掩（用首字母來代表），這反而增添了它的誘惑力，而那些朋友們則惱火地發現，巴特與他們共同度過的那些夜晚被描述為「空虛的」時光。這篇文章最勾引人的地方在於它散漫的寫法。這位著名的知識分子對他的巴黎夜生活和半真半假尋找同性伴侶的做法感到厭倦，這幅頹唐的場景以一段清醒的思考來收尾：

一種絕望佔據了我。我想要大聲哭喊。我清醒地意識到我不得不放棄那些男孩，因為他們對於我毫無慾望，而我自己，要麼是過於嚴苛，要麼是過於笨拙，我沒法將慾望強加給他們。有一個事實無法避免，我那些調情經歷都可以佐證這一點，那就是，我過着憂鬱的生活，並且，我最終感到極度厭倦，我必須擺脫這種興趣，或者說，這種希望……我將失去一切，最後只剩下那些出賣色相的男人。（但是我在外出的時候該怎麼做？我一直注意著那些年輕男子，想立即與他們談情說愛。將來我的世界會變成什麼樣子？）——在他提出請求之後，我為O[他帶回家的一個年輕朋友，名叫奧利維耶]彈了一小段鋼琴曲，在那個時刻我就意識到，我已經放棄了他。當時他的眼睛是那麼動人，長髮讓他的臉頰變得更加柔和：

圖18　1973年，在高等實用研究院。

　　他整個人是那麼精緻，卻又無從接近，像個謎
　團；他討人喜歡，卻又與我隔膜。隨後我藉口自
　己要工作，把他打發走了，我知道這種情感結束
　了──不僅是我和奧利維耶之間的關係，而是一
　個男孩的愛慕。

第115–116/73頁

本書以此作結：巴特並沒有說他的生活中「不再有男
孩」，而是說他不可能再愛上任何一個男孩或是接受
對方的愛慕。

如果說弗朗索瓦・瓦爾決定出版這些文本的舉動惹來了爭議(它們改變了巴特的公共形象)，他在其他方面也讓人生厭：他不允許路易–讓・卡爾韋(Louis-Jean Calvet)這樣一位研究細緻、資料充分的傳記作者引用巴特的大量信件，他還拒絕出版巴特在法蘭西學院的講座文稿，雖然這些內容原本就以文字形式存在，並且受到廣泛關注。1991年，洛朗・迪斯波(Laurent Dispot)在《遊戲規則》雜誌上發表了講座文稿的部分內容，結果這份雜誌遭到巴特遺產繼承人的起訴，他們聲稱要保護巴特作為作者的權利(諷刺的是，正是巴特宣告了作者的死亡)，這一舉動在巴黎的知識圈中激起極大反響，許多人公開支持《遊戲規則》雜誌，其中包括菲利普・索爾萊斯和茱莉亞・克里斯蒂娃(Julia Kristeva)。[2]

　　對於那些沒能參加講座的人來說，講座文稿不能出版是個令人沮喪的消息，因為巴特談到了一些他在公開出版的作品中沒有涉及的主題。其中一個講座系列名為「如何共同生活：小說對於日常生活某些方面的仿擬」(1977)，巴特談到小說如何來表徵日常生活的空間以及生活行為的慣例，他討論的例子包括魯賓遜・克魯索的小屋、《魔山》中的旅社以及左拉筆下的資產階級公寓樓。另一個講座系列以「中性」

2　參見《遊戲規則》，1991年第5期。表達支持的聲明刊登在該雜誌1992年的第6期上。另參見《無限》，1992年第37期。

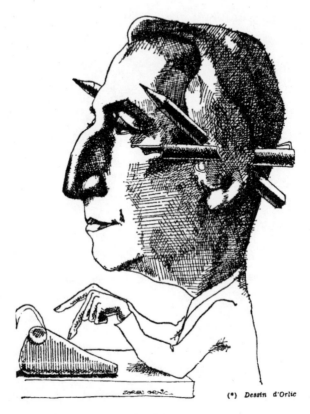

圖19　《世界報》，1975年2月14日。

(1978)作為主題，所謂「中性」指的是中性名詞或中立狀態、中性化的行為以及對於二元對立的超越或迴避，之前《羅蘭‧巴特自述》曾對此做過簡要論述。第三和第四個系列都將重點放在「小說的準備工作」上，題目分別是「從生活到工作」（1978–1979）和「作

為自願選擇的工作」(1979–1980)，它們從作者(而不是讀者)的角度來分析文學創作。[3] 第一年，這門課程重點研究俳句作為產生次要影響的符號體系形式；第二年，研究作者的創作意願以及由此所引出的儀式性習慣，討論的內容包括普魯斯特的軟木貼面的房間以及巴爾扎克的晨袍和無節制地喝咖啡的習慣。這些思考引起了人們的強烈興趣，因為正是巴特本人宣告了作者的死亡，他認為這是讀者誕生的必然代價，只有通過具有能動性的讀者我們才能更好地理解文學作品的運作。人們希望瓦爾最終能出版這些文本，從而推動對於巴特的研究興趣，就像拉康的那些講座一樣，到現在為止依然在陸續出版。

巴特去世二十年後，他的形象發生了怎樣的變化？最簡單的答案就是：他變成了一個作家。他的《全集》包括厚厚的三卷本，每卷超過一千頁，已經由長期與他合作的門檻出版社出版(這是我提到的第三件編輯大事)。《全集》將巴特原先賴以成名的個別著作淹沒在浩瀚的文字海洋裏：隨筆、前言、對於訪談問題的回應、講座內容和綱要，還有許多短小的新聞

3　對於其中三個系列的簡要總結，參見《全集》第3卷(門檻出版社，1995年)中的幾篇文章，包括：《如何共處》，第744頁；《中性》，第887頁；《小說的準備(1)：從生活到工作》，第1059頁。「中性」這一主題貫穿巴特不同風格的作品，參見伯納德·康曼特的精彩分析：《羅蘭·巴特：朝向中性》，克里斯蒂安·布爾古瓦出版社，1991年。

作品。三卷本展示了巴特持續的創作，不僅作為思想家和文人，而且作為作家，這重身份是這些文字的共同源泉。三卷本還表明，巴特多麼喜歡特定任務的激勵。雖然他不擅長拒絕別人，總是抱怨自己被迫接受許多寫作任務，但正是這些要求和任務促使他妙語連珠地談論某個給定的主題，最終形成的文稿帶有他特有的風格，優雅從容，不迎合大眾的看法(或者説，信念)。

《全集》收錄了巴特散見於各類出版物中的文字，從而鞏固了他的作家形象，這些文字不僅限於法國本土，而且涵蓋了巴特在國外發表的作品，涉及的報刊雜誌包括《世界報》、《邦皮亞尼年鑒》、《它》、《相片》、《藝術出版》、《花花公子》、《變焦》、《意大利新音樂》、《男性時尚》等，此外還有大量的博物館和展覽會目錄。它們展示了巴特在文化領域內的廣泛興趣，他對視覺藝術、音樂和當代文學都有所涉獵。不過巴特從沒有寫過負面評論，他不願充當文化權威。事實上，他向來與人無爭，雖然他的評語總是引發別人的爭論。(皮卡爾對於《論拉辛》的強烈批評迫使巴特捲入爭端，這對於他來説是巨大的煩惱。)由於最寬泛的理論設想(哪怕是文化權威提出的設想)也無法同時涵蓋這些作品，所以只好把這些作品籠統地稱為作家的創作成果。

如果非要給這一設想加個名字，我們可以稱之為

當代生活的人類學研究。巴特對於各種實踐和文化創造都很感興趣，20世紀50年代他收錄在《神話學》中的文章表明了這一點，只不過他隨後所寫的文章缺少一篇專論來勾勒自己的理論規劃。在巴特去世的當月，《花花公子》雜誌發表了一篇他的訪談，討論作為一種宗教現象的節食行為，包括信仰轉變、經文、負罪感、回歸預定道路等。「養生法讓人產生強烈的犯罪感，感受到罪孽的威脅，這種感覺發生在日常生活的每一刻。只有當你熟睡的時候，你才能確信你沒有造成罪孽。」他說，應該寫一本書，「就節食這一現象及其神話」。[4] 這番話依然帶有批判的意味，但更像是在針對美國人的看法和習慣(正如關於節食的訪談所示)，或者是在針對法國的知識分子而不是資產階級大眾，後者曾是巴特寫作《神話學》時的批判對象。巴特寫道，長久以來，他一直認為知識分子應該為消除文化神話而奮鬥；現在雖然他依然為此而努力，但他的心已經不在這裏。權力無處不在，當代主體避免不了恢復常態的宿命。「唯一的辦法就是讓人們聽到一個具有偏向性、存在於其他地方、不附帶任何關係的聲音。」[5] 但不附帶任何關係顯然是種烏托邦式的幻想。

4　《養生》，收錄於《全集》，第3卷，第1241頁。如對此類作品感興趣，可參見理查德·克萊恩，《吃胖》，萬神殿出版社，1996年。

5　《消除神話》，《編年史》，《全集》，第3卷，第988頁。

在1978年至1979年間，巴特為《新觀察者》撰寫簡短周評，為期三個半月，評論的主題是任何給他留下深刻印象的事物——他談到冬季的櫻桃和過度包裝現象，還向一位正在獄中的作家表示了支持。在他即將停止實驗的時候，他解釋說，這些短評並不是新版《神話學》，而是關於寫作的實驗，他要尋求一種形式，來記錄那些稱不上大事件卻給他留下深刻印象的生活點滴。通過這些嘗試，他要「讓那些構成我的多種聲音得以說話」。[6] 從中可以發現與《事件》和「小說的準備工作」相同的想法，那就是對於日常生活中的次要話語所產生的興趣，這些話語並不構成連貫的情節，卻提供了意義的質感。「在鄉下的時候，我喜歡在戶外的花園裏撒尿，」他寫道，「我想知道這一舉動究竟意味着什麼。」

1978年，巴特在巴黎和紐約兩地都舉辦了講座，他出色的口才給聽眾留下了深刻印象，講座的題目是「在很長的一段時間裏，我早早就睡了」。這是普魯斯特的小說《追憶似水年華》的開場白。重複普魯斯特的文字顯示了巴特的決心，他想要追隨普魯斯特——不是「追隨那部皇皇巨著的偉大作者，而是追隨那個肩負起工作任務的人：時而飽受折磨，時而歡欣雀躍，在任何情況下都保持謙和——他想要擔負重任，從計劃的一開始，他就賦予這項任務以絕對的個

6　《暫停》，《編年史》，《全集》，第3卷，第990–991頁。

性」（《語言絮談》，第334/277–278頁）。三十多歲的普魯斯特當時還在小說與散文創作之間糾結，但突然——我們不知道確切原因——到了1909年夏季，一切都各就各位。他找到了「第三種形式」，他對於時間做了特殊處理，並且讓敘事者來闡述他本人的寫作慾望，通過這些手法，普魯斯特得以「消除小說與散文之間的矛盾」（第336–340/280–284頁）。據巴特推測，普魯斯特母親的去世，讓他意識到有必要尋找一種新的寫作方式。巴特的母親也剛去世不久，因此他認為自己與普魯斯特有着相似的處境，準備好迎接「新的生活」（「你知道你難逃一死，突然你感覺到生命的脆弱」）。巴特認為自己將沿着不斷重複的人生軌跡走向死亡(又一篇文章，又一次講座)，他寫道：「我必須走出那種陰影狀態(中世紀理論將它稱為『厭倦』)，一再重複的任務和悼念讓我深陷其中。現在我覺得，對於這個寫作主體來說，對於這個選擇了寫作的主體來說，不可能有『新的生活』，除非他能發掘出一種新的寫作實踐」（第342/286頁）。

普魯斯特尋找並且發現了「一種寫作形式，能容納並超越苦難」（第335/279頁）。巴特認為，普魯斯特的《追憶似水年華》中敘事者的祖母去世的片段和托爾斯泰的《戰爭與和平》中安德烈王子死亡的片段是兩大「真相時刻」，在這些場景中「文學與情感宣泄突然同時迸發，讀者在心底裏發出一聲『吶喊』，他

們或是想起，或是預見自己和心愛的人永遠別離時的心情，某種超驗的感悟浮現在心頭：究竟是什麼樣的魔鬼同時創造了愛情和死亡？」（第343/287頁）。雖然說，如今人們對於喚起憐憫的藝術手法嘲弄有加，但小說「卻借人物之口來談論情感，從而可以公然吐露那種感受：在小說中，可以談論那些讓人憐憫的對象」（第345/289頁）。作家將塵世間的一切失落儲存起來，而愛情、憐憫和激情等情感要素帶給了作品活力。這就是文學的視野，它支持新的生活，而這種新的生活又把文學當作它包容一切的生活體驗。

巴特最後問道：這是否意味着我將會寫一部小說？「我怎麼知道？」他說，我知道的是，「對於我來說，重要的是裝作自己應該寫這部烏托邦小說」。這就要求把他自己放在一個特殊的位置，成為「創作的主體，而不是評論的主體。我不是在研究某個產品，而是承擔起生產的重任……我假定自己要寫一部小說，因此我可以對這部小說了解更多，而不僅僅是把它作為其他人已經創作完成的某個研究對象」（第345–346/289–290頁）。

這是巴特最為雄辯、動人和睿智的散文作品之一，它促使人們關注他可能撰寫的小說以及他在講座中提到的「小說的準備工作」。不過，這篇文章的力量與它對於他人小說的敏銳分析和它提出的小說理論有着密切聯繫，它尤其關注普魯斯特的寫作技巧：巴

特寫道，對於小說的「憐憫」理論或歷史(以憐憫的表述為重點)來說，我們「不要再把一本書的關鍵放在結構上；正相反，必須承認作品要想打動人，要想活起來，要想生根發芽，就必須借助某種形式的『崩潰』，在『崩潰』之後只剩下某些時刻，這些時刻嚴格說來就是作品的巔峰……」(第344/287頁)。這是一個關於小說的重要聲明，當然也不無爭議，我們不禁要問，這些「巔峰」時刻的力量難道不是以各種形式取決於它們與作品其他部分的聯繫嗎？無論如何，這絕對是一個重要的批評意見，只不過它關注的是那些業已完成的偉大作品的本質，而不是某個在創作中掙扎的作家的眼界。每當巴特構建起一組對立項——比如「擔負起生產任務」而不是「研究產品」——他本人的批評實踐就會擾亂這樣的對立。

這篇很有說服力的文章宣稱要轉向一種新的生活，開始新的寫作實踐，以新的視角來看待寫作。而且，它賦予「新的生活」這一文本以特殊意義，這份文稿由八個長度不超過一頁紙的提綱組成，它在巴特的手稿中被發現，並且作為最後一批文件以影印件的形式收錄在《全集》中。很顯然，如標題所示，這份文稿涉及巴特原本打算寫的一本書，主題是轉向新生活的可能性。文稿以他對於母親的悼念開始(在其中一個版本中她扮演着引路人的角色，就像但丁作品中的維吉爾)，隨後巴特將世界視為一個景觀，同時也是漠

然的一個客體(《毫無意義的夜晚》將被收錄在這一部分),並且詳細描述了他的好惡。接着他將講述他稱之為「1978年4月15日做出的決定」。我們不能確定是否真的存在這樣一個重要決定(將時間濃縮為某一天的做法讓人懷疑,或許這是巴特為便於敘事而採取的虛構手段),不過論普魯斯特的那篇文章讓人們有理由接受這樣的突然轉變。埃里克·馬蒂在《新的生活》其中一份計劃的手抄本上加了如下腳注:「對於這一『決定』,我們並不完全了解。但很顯然,這是一次神秘的信仰轉變,以某種帕斯卡式的方式,轉向一種『新的生活』,在其中『文學』將是存在的全部。」[7] 這份計劃的其中幾個版本將文學稱為愛情的替代品,並且提出要對可能的文學模式——散文、日記、小說、片段、漫畫、懷舊作品——進行深入探討,分析它們為何失敗。最激動人心的時刻將伴隨着意志訓練(這是生產文學的必要前提)的片段而出現,這種訓練的目的是達到純粹閑散或純粹舒適,或者說,哲學意義上的平和狀態,也被稱為「道」或者「中性」。[8] 在其中一份計劃中,巴特提到了海德格爾將意志(它試圖改變自然)和向存在開放(即接受現狀)相對立的做法。在另一份計劃中,他提出要學習托爾斯泰:後者提倡一種道教和基督教意義上的平和狀態,通過吸收(而不是反

7　《新的生活》,《全集》,第3卷,第1300頁,注釋2。
8　同上,第1301頁。

對)邪惡來將其中性化。巴特在後期的一次訪談中提出，「要敢於懶惰！」他分析了懶惰這種不受歡迎的態度所具備的美德，並且思考是否我們在邪惡面前沒有懶惰的權利。[9] 寫作這份工作與哲學意義上的閑散正好相反，巴特把一個摩洛哥男孩視為閑散的化身——在《事件》的一個片段中，他對這個令人困惑的説法做了解釋：

> 一個男孩坐在一段矮牆上，就在路邊，但他沒有留意道路——他坐在那裏，彷彿永遠那樣坐着，他坐在那裏就是為了那樣坐着，毫不含糊：
> 「靜坐無所為，
> 春來草自青。」

第57/38頁[10]

這個摩洛哥男孩是否象徵着與世無爭，通過放棄意志

9　同上，第1302頁。另參見《敢於懶惰！》，《全集》，第3卷，第1085頁。

10　戴安娜・奈特對《新的生活》所做的分析最為出色。她在《事件》中找到了這段文字的出處，從而解釋了摩洛哥男孩的這一説法。同時，她還指出，這裏援引的禪詩出自《禪林句集》，巴特轉引自阿蘭・沃茨的《禪道》。在《全集》中，埃里克・馬蒂犯了一個錯誤，他把巴特的附注錯寫成「Zenzin 詩歌中的摩洛哥男孩」，然後他在注釋中説，這句話指的是源自摩洛哥口頭文學傳統的一首詩歌。事實上，在《戀人絮語》的結尾處，巴特同樣引用了沃茨書中的禪詩。參見戴安娜・奈特，《閑散的思想：論巴特〈新的生活〉》，《諾丁漢法國研究》，1997年春季號，第94–95頁。

所獲得的自我？他是否象徵着一種中性狀態，這樣的中性抹去了構成我們的代碼、內在對話和模棱兩可的態度？如果真是這樣，我們就有了一個野心勃勃的理論設想(它的敘事起到說教作用)，一個擁有終端的結構！但《新的生活》的倒數第二份提綱是這樣結尾的，「這意味着人們必須放棄新生活敘事中的幼稚看法：青蛙努力吹氣，想把自己吹得像[公牛]那樣巨大。」[11]

如果巴特的新生活持續下去，超過23個月的話，他會不會真的寫一部小說？如果不是死亡阻止了他，《新的生活》會成為巴特寫出的偉大作品嗎？有兩個因素讓問題變得更複雜，首先是巴特贊美閑散的做法，他把這種閑散狀態界定為意志的對立面，而意志顯然是創作任何長篇作品的必要前提。其次，巴特迴避了那些產生明確意義的結構，隨意地將若干片段放在一起——比如說，按字母順序排列。他不喜歡他所說的「歇斯底里」，因此如果某些情節或結構包含誇張的，可能產生明確意義的人物，他就會盡量避開它們。

戴安娜·奈特(Diana Knight)對於《新的生活》做出了最佳研究，她認為我們應該完全相信巴特所說的話——在論普魯斯特的講座裏，巴特提到，重要的是裝作自己應該寫這部烏托邦小說，而不是真正去寫。制

11　《新的生活》，《全集》，第3卷，第1306頁。這裏用到的典故是拉封丹的寓言《想變得和公牛一樣大的青蛙》。

訂寫作計劃和勾勒某些片段是一回事。真正去寫這部作品將會違背它所致力營造的烏托邦本質和禪學原則。

　　圍繞《新的生活》這一文本以及巴特為轉向新生活所做的努力而產生的這些問題很有意思，尤其是對於那些想了解巴特的人來說。有個例子可以說明，尋求「中性狀態」是巴特豐富多彩的寫作生涯中最具統合力的線索。在《羅蘭·巴特：朝向中性》一書中，伯納德·康曼特(Bernard Comment)提出，中性就是「試圖迴避邏各斯和話語所強加的義務和限制」，「反對一種實踐或者將其相對化，這種做法應該致力於建立或接近中性的條件，要把中性理解為意義的極端他者化的機制。」[12] 雖然我們的確可以在巴特的作品中追蹤到這一潛在線索，但這種做法很容易被嘲諷為逃避問題，比如自傳研究專家菲利普·勒熱納(Philippe Lejeune)就持這一看法，他在《我也是這樣》的其中一章中戲仿了《羅蘭·巴特自述》。下面的例子出自按字母順序排列的一系列片段，標題為《不連貫？》。和《羅蘭·巴特自述》一樣，作者用第三人稱來描述他自己：

　　　　他先是嘲諷了那種非此非彼的邏輯（《神話學》），但結果卻陷入對中性的烏托邦式的幻想之

<hr />

12 伯納德·康曼特，《羅蘭·巴特：朝向中性》，克里斯蒂安·布爾古瓦出版社，1991年，第14頁，第27頁。

中（中性是一種翻倍的非此非彼的邏輯）。

在他早期的作品中，他將語言與現實割裂開來，從而剝奪了語言的清白。現在他又通過同樣的操作恢復了語言的清白，並且保護它免受任何批評。他以想像或小說的名義，滿懷愛心地呵護著之前他曾以神話學或意識形態的名義嘲諷的對象。矛盾，還是翻案？在西方人們總是過於倉促地得出這樣非此即彼的結論。實際上，這是從一個含糊的位置開始的一段漂移……他不是個叛徒：神話學是大寫他者（並非完全共享的形象體系）的鏡像，而鏡像則是一種令人愉快的神話學。在某個時期，他以「淨化」自己的名義，一步一步，不斷前進，穿越自身的愚蠢，探索那種狀態，品嘗那種滋味，嘗試「說出」那種感受。結果就是，他寫出了那些作品。[13]

勒熱納還寫道：「這位已經取得成功的資產階級不再相信階級鬥爭；他愛上了中性。」[14]

以嘲諷中性作為結尾，這一做法提醒我們，中性不能與那些受它啟發的批評作品割裂開來，否則就會陷入勒熱納所嘲諷的自滿窘境。更有益的做法是遵循

---

13 菲利普·勒熱納，《我也是這樣》，門檻出版社，1986年，第107頁。嘲諷巴特的章節在《輕鬆學會羅蘭·巴特》的第103–116頁。

14 同上，第108頁。

戴安娜·奈特，而不是伯納德·康曼特的觀點(雖然他們兩人觀點相近)，並且將巴特作品中具有統合力的線索視為一種烏托邦式，而不是尋求中性的努力：理論和批評總是通過某種社會性或情感性烏托邦的隱含形象來運作的，在這種烏托邦形象的比照下，找出現實和現有話語的欠缺之處。[15] 錯誤在於，認為這種烏托邦能夠實現。

巴特去世後的二十年裏所發生的變化可以歸結為以下五點：

首先，他的地位發生了巨大變化。1979年，在巴特去世的前一年，韋恩·布斯稱他為「如今對於美國批評產生最大影響的人」。我必須指出的是，布斯與其說是在稱讚巴特，不如說是在抱怨美國批評屈從於這股歪風邪氣。不過，當你在2001年重新讀到這番評論時，你會一下子楞住，它讓你回想起20世紀70年代巴特曾經有過的重要地位。很難描述那種重要性，這一點本身就很有趣。巴特之所以重要，並非因為他是福柯所說的某種「話語」的創始人，比如弗洛伊德或馬克思。在福柯所說的情況下，思想的後續發展形式是對原始文本進行評論或闡釋。巴特的重要性也不在於他是某個學派的創始人，他並沒有創立某個理論框架，讓許多後來者得以在此框架下進行工作(在英美兩

<hr>

15　戴安娜·奈特，《巴特與烏托邦：空間、旅行、寫作》，牛津大學出版社，1997年。

國有許多「拉康主義者」和「阿爾都塞主義者」，卻沒有所謂的「巴特主義者」，雖然有許多人，包括我在內，都深受巴特的影響）。此外，巴特也不是所謂的發現者，後者通常憑藉自己的洞察力提出重要論斷，比如，本尼迪克・安德森(Benedict Anderson)就被別人廣泛徵引，他告訴我們，民族和其他大型群體都是「想像的共同體」。巴特的特殊意義在於，他的權威性無須理由：當你要寫一篇評論文章的時候，不管你的主題是什麼，用「羅蘭・巴特評論道……」這句話作為開場白總是個好辦法；他的重要性就在於，沒有人會反駁說：「那又怎麼樣？」

在文學研究領域內，沃爾特・本雅明繼巴特之後獲得了類似的權威地位(區別在於，人們花了大量工夫來澄清本雅明的文本)。或許可以把這種權威性稱為毫無爭議的參照點，具備這種權威足以使人成為重要的思想家和文化人物，但很大程度上巴特已經喪失了這種特權。現在他已經不再是你可以直接引述的大人物。如今，你需要給出理由，說明自己為什麼要閱讀或者引述他的文本。

其次，誰都知道，巴特首先是個理論家，他寫作的年代是「理論」的鼎盛時期，但現在「高深理論」已不再是新鮮事物，不再讓人恐懼或受人崇敬。不過巴特同樣也是一個抗拒理論的人——尤其是他自己的

圖20 路易-讓‧卡爾韋寫的傳記《羅蘭‧巴特》所使用的護封照片。

理論——他努力迴避或挫敗理論。稍後我還將回到這個話題。

第三，巴特的崇拜者如今不大可能把躁動或變化當成他作品的恆定特徵來加以宣揚了：雖然巴特經歷了一段多變的發展歷程，但評論者已經提出了多種恆定特徵，包括烏托邦式的衝動(奈特)，尋求中性(康曼特)，或試圖將知識文學化(Philippe Roger)。但這些所謂的恆定因素真的能夠抓住巴特最吸引人的地方嗎？

第四，D.A.米勒(Miller)寫道，巴特對於書寫身體的興趣可以被視為「男同性戀復興肉體的文化設想[的一部分]，他的書寫為這一設想增添了(或者說從這一設想中挖掘出)一些具有重要意義的細緻差別」，尤其是他願意「思考處於最尷尬狀態下、遠談不上『完美』的身體」。[16] 將巴特納入男同性戀美學研究的做法才剛剛起步。

最後，或許也是最重要的一點，巴特曾被視為激進人物，是法國文化價值面臨的巨大威脅，但如今他已經成為一個文化偶像，代表着許多他曾經危及的文化價值。2000年6月，一篇題為《符號皇帝》的文章發表在《電視全覽》雜誌上(這是《電視指南》和《紐約時報書評》的雜合)，它用這樣的標題來緬懷巴特：「熱愛語言的人，迷戀句子的人，這位作者運用社會

---

16 D.A.米勒，《請出羅蘭·巴特》，加州大學出版社，1992年，第31–32頁。

學和精神分析來闡述法國文學，但更重要的是，他有着非同尋常的精緻風格。」[17] 這裏沒有提及巴特如何宣揚先鋒文學，批評資產階級神話，他在索邦的時候讓人生厭，他還因為倡導作者之死而臭名昭著。此外，這個標題也迴避了符號研究，用社會學的名號來代替。這並非筆誤，讀者後來會發現，作者提到巴特最終放棄了符號研究這一構想。巴特深愛着我們的語言，其中的精美之處讓他魂牽夢縈。在法國，這一舉動頗受人尊重，或許有那麼一點滑稽，但絕不會讓人憤怒或覺得危險。

巴特變成了一個文化偶像，從所謂的激進階段變為熱愛法語，這一轉變過程證明，文化在本質上存在於個人主體與精神遺產（以母語為代表）之間的關係，由此巴特的轉變更加可貴。「他放棄了結構主義的科學幻想，擺脫了政治與文化鬥爭中的宣傳口號，我們的符號研究者開始了一段新的寫作生涯。從今往後，巴特將讓羅蘭開口説話，他要突出慾望主體，也就是他的個體自我，那個毫無顧忌地熱愛着語言和風格的人。」

我引述這段話，不是為了鄙薄，而是因為這段話具有典型的巴特風格，同時他的創作軌跡也為此提供了佐證。如我們所見，他在後期作品中批評了自己「對於科學性的美好夢想」。在早期作品中，雖然他

17　吉勒·馬卡薩，《符號皇帝》，《電視全覽》，第2631期，2000年6月14日，第62頁。

對於二元對立的元語言提出過質疑，但這些對立項(內涵和外延，隱喻和轉喻，可讀和可寫)扮演着重要的角色；《羅蘭·巴特自述》卻把這些對立項嘲諷為「偽造品」，「生產的修辭」，或者說，從其他話語那裏竊用的「文本操作手段」，被用作「寫作機器」的一部分，目的就是為了「讓文本保持運作」(第95/92頁)。「因此，作品依靠着概念帶來的衝動、持續不斷的興趣和短暫的狂熱向前推進」(第114/110頁)。

我們不妨就採取這種了然於胸的姿態，稱頌巴特作為作者的敏銳洞察力，而不是他作為準理論家的妄斷。這一立場很有誘惑力，尤其在當下，當理論的光環已經退去的時候，做一名博學的評論家，並且反對理論的自高自大，這是一個更有利的姿態。但正因為這一觀點具有誘惑力，讀者更需要反思它的潛在影響——這樣的思考可能會從兩個方面展開。首先，就像我之前所做的那樣，人們或許會問，巴特對於自己早期作品的祛魅行為是不是一種新的神秘化實踐，一種只重風格不重實際的做法？考慮到評估人們過去使用的概念存在的困難，宣稱這些概念是對於一種潛在寫作慾望的迷戀或表露，而這種慾望將作者與其他人聯繫在一起，這樣的想法多麼具有誘惑力。這裏沒有理論，只有寫作！巴特嘲弄自己早期所採用的概念，這一做法完全可能創造一種巴特式的神話，關於作家和作者的神話。

這並不是說，巴特不是一個作家，而是說，他是個獨具魅力的作家：優雅、獨特、大膽自信、不畏批評。不過正如他所言，雖然判斷葡萄酒的好壞有客觀標準，但這種標準是個神話。我們同樣可以說，雖然巴特按照客觀標準是個好作者，但巴特這位作者是個神話——是一種意識形態建構，其效果就在於阻礙別人採納和檢驗他的說法，阻礙別人使用這些說法並且觀察它們在分析我們感興趣的文化客體和實踐時所起到的作用。巴特宣稱，他想要寫作，不是針對某個對象去寫，他的寫作所具有的力量和興趣與這些作品對於研究的文化客體所做出的論斷密不可分。這一點體現在他後期關於普魯斯特的傑出評論中，他宣稱自己從針對某個主題而寫變成為寫而寫；這一點同樣也體現在他的早期作品中(這些作品往往接受「生產」這一說法)。

否定過去所使用的概念或理論和褒揚巴特的作者身份，這兩種做法實際上是同一枚硬幣的兩個不同側面。重要的是，要思考這兩點對於評價巴特如今的價值產生了怎樣的影響。人們為什麼要讀他的作品？為了加劇人們的懷疑，認為理論話語真的只是以某種可疑形式呈現的傲慢自負？那樣一來，巴特的價值將取決於某個強大的、需要人們學會抗拒的理論，但現實並非如此。正相反，巴特的作品更多在於提醒我們注意思想的探險，並且鼓勵我們跳出普遍接受的觀念，嘗試新的思考。

我認為，巴特的價值，不，應該說巴特的才華並不在於他晚期作品中的博學或感傷，而是在於他的早期作品，在於他為建立科學性所做的嘗試。在《文藝批評文集》中，他把作家稱為公共實驗者，在公開場合，為了公眾利益，對思想進行實驗（第10/xii頁）。在《羅蘭·巴特自述》中，他重新回到這一想法：他[巴特]「召喚概念，實驗了現代性（就像人們在不知道如何使用收音機的時候，嘗試着按下不同按鈕）」（第78/74頁）。

巴特的才華有一個重要方面，即他發現系統性和對於明確性的要求具有啟發作用。正是在他試圖創立一種關於研究對象的系統性理論或分析的時候，這一步驟引導他轉而研究某些被人忽視的話語中的問題、話題和要素。符號研究的範式提出，存在意義的地方就存在着系統，人們必須辨認出意指行為的不同層面以及每個層面中的能指和所指。因此，這一範式就要求巴特考慮，時裝說明文字中每個要素的功能，或者關於天氣的閑聊如何反映出人們的社會階層。以文學為例，《S/Z》採取的逐步遞進的辦法迫使巴特進行思考，那些細節——既包括最不起眼的部分，也包括最重要的內容——如何根據不同的範式或代碼，被挑選、吸收並加以組織。

系統性首先是一種陌生化手法。你必須以新的條目和新的方式來看待事物，並且得出你的結論。因

此，不管一種真正的理論能否形成，對於巴特來說，系統化的動力至關重要。當他轉而反對系統化的時候，他就可能陷入那些資產階級的、感傷的寫作形式，把他曾經分析過的文化機制重新變成神話。

系統性的一大優點是，我們可以很容易地對巴特所說的「現實效果」進行簡單的思考(現在這已經成為法國教育系統的主要內容)。他從福樓拜的短篇故事《簡單的心》開始說起，故事中的人物奧班斯的住房牆上掛着一個氣壓計：「在氣壓計下，一架舊鋼琴上放着一堆金字塔狀的盒子和紙箱。」巴特問：氣壓計起到什麼作用？「如果想要做出詳盡分析，」他寫道，「(如果一種理論不能解釋分析對象的整體，也就是說，敘事的整個表層，那麼這樣的理論有什麼價值？)⋯⋯理論不可避免地遇到一些符號體系，它們不承擔任何功能(哪怕是最間接的功能)⋯⋯」(《語言絮談》，第179–180/141頁)。這些符號體系涉及某種乏味的信息過度、一種敘事的「奢侈」狀態。巴特寫道，這裏產生了一個問題，它對於敘事的結構分析來說至關重要：「在敘事中，是不是任何內容都具有意指功能？如果不是，如果在敘事語段中包含了不實施意指的部分，那麼對於這些不實施意指的部分來說，它們的意指功能又是什麼？」(第181/143頁)。某些細節對於情節、懸念、人物、氛圍和象徵意義並無幫助，但卻具有意指功能。巴特總結道：正因為它

們沒有意義，所以才能實施意指，既然在西方意識形態中，意義總是與現實相對立，那麼「我們是真實的」，「功能分析留下的殘餘部分具有共同點：它們都指示我們通常所説的『具體現實』」（第184/146頁）。之前還沒有任何理論符號系統中的這一重要功能被分析過，但這一功能對於現實主義傳統和先鋒派作品都至關重要。正如巴特在分析羅伯—格里耶的作品時所指出的，描述（通過過度的細節和客觀性）清除了意義，破壞了敘事的魅力。

正是符號研究讓巴特在文學、時裝和其他意指系統中發現了確立意義與清空意義這兩種對立行為的持久鬥爭，人文主義批評往往過於輕易地假定，在這些意指系統中存在着足夠的意義，他們從不擔心有數以百萬計的符號雖然擺出一副示意的姿態，卻並沒有提供預期的意義。

在《文藝批評文集》的前言中，巴特寫道，文學的任務並非如常人所想，「要把無法表達的事物表達出來」——這樣的作品將是一種靈魂文學——文學的任務應該是「讓能夠表達的事物變得難以表達」，讓我們的文化代碼所賦予的意義變得不確定，從而消除之前的話語實踐在這個世界上留下的痕跡（第15/xvii頁）。因此，宣揚先鋒派文學、促進文化轉變和對於科學性的美好夢想這三個目標之間存在聯繫，正是對於科學性的夢想引領著早年的巴特不僅嘗試建立一種系

統性的符號研究，而且特別關注我們習以為常或者不屑一顧的現象。如果當代的崇拜者所創造的巴特形象中（「那個毫無顧忌地熱愛着語言和風格的人」），那個曾經的巴特就此消失，那真讓人遺憾，這些崇拜者想忘卻作為理論家的巴特，轉而營造作為作家的巴特。但必須説的是，理論家也是作家，是別人嚴肅對待其思想的作家。毫無疑問，巴特當得起這樣的評價。

推薦閱讀書目

Works by Roland Barthes

Here I list only books and one important interview. For bibliographies of Barthes's numerous articles, now collected in his *Œuvres complètes*, see *Communications* 36 (1982); Sanford Freedman and Carol Anne Taylor, *Roland Barthes: A Bibliographical Reader's Guide* (Garland, 1983); and Gilles Philippe, *Roland Barthes, Bibliographie des écrivains de France* (Memini, 1996). Philippe's excellent bibliography, while hard to find, is particularly thorough in describing writings about Barthes.

Barthes's *Œuvres complètes*, in three volumes, edited by Eric Marty, were published by Seuil in 1993, 1994, and 1995. All of the works listed below can be found in them, but my page references in this book are to the earlier individual volumes: the first to the French original, the second to the English translation. (I give page references to the English translations published in the United States, mostly by Hill and Wang, but many of these have also been issued in England by Jonathan Cape.) Entries marked with an asterisk are collections published after Barthes's death.

*   *A Barthes Reader*, ed. Susan Sontag (Hill and Wang, 1982)
*   *L'Aventure sémiologique* (Seuil, 1985). *The Semiotic Challenge*, tr. Richard Howard (Hill and Wang, 1988)
*   *Le Bruissement de la langue* (Seuil, 1984). *The Rustle of Language*, tr. Richard Howard (Hill and Wang, 1986)

La Chambre claire: note sur la photographie (Gallimard and Seuil, 1980). *Camera Lucida: Reflections on Photography*, tr. Richard Howard (Hill and Wang, 1981)

Critique et vérité (Seuil, 1966). *Criticism and Truth*, tr. Katrine Kueneman (University of Minnesota Press, 1987)

Le Degré zéro de l'écriture (1953), with *Nouveaux essais critiques* (Seuil, 1972). *Writing Degree Zero*, tr. Annette Lavers and Colin Smith (Hill and Wang, 1968); *New Critical Essays*, tr. Richard Howard (Hill and Wang, 1980)

Éléments de sémiologie (1964), in *Le Degré zéro de l'écriture, suivi de Éléments de* sémiologie (Seuil, 1965). *Elements of Semiology*, tr. Annette Lavers and Colin Smith (Hill and Wang, 1968)

L'Empire des signes (Skira, 1970). *Empire of Signs*, tr. Richard Howard (Hill and Wang, 1982)

Essais critiques (Seuil, 1964). *Critical Essays*, tr. Richard Howard (Northwestern University Press, 1972)

Fragments d'un discours amoureux (Seuil, 1977). *A Lover's Discourse: Fragments*, tr. Richard Howard (Hill and Wang, 1978)

*   *Le Grain de la voix: Entretiens 1962–1980* (Seuil, 1981). *The Grain of the Voice: Interviews 1962–1980*, tr. Linda Coverdale (Hill and Wang, 1985)

Image, Music, Text, essays selected and tr. Stephen Heath (Hill and Wang, 1977)

*   *Incidents* (Seuil, 1987). *Incidents*, tr. Richard Howard (University of California Press, 1992)

Leçon: Leçon inaugurale de la chaire de sémiologie littéraire du Collège de France, prononcée le 7 janvier 1977 (Seuil, 1978). 'Inaugural Lecture', tr. Richard Howard, in *A Barthes Reader*, ed. Susan Sontag (Hill and Wang, 1982)

Michelet par lui-même (Seuil, 1954). *Michelet*, tr. Richard Howard (Blackwell, 1987)

Mythologies (1957) (Seuil, 1970). Partial translation: *Mythologies*, tr. Annette Lavers (Hill and Wang, 1973). Translation of remaining essays: *The Eiffel Tower and Other Mythologies*, tr. Richard Howard (Hill and Wang, 1979)

Nouveaux essais critiques, published with *Le Degré zéro de l'écriture* (Paris, Seuil, 1972). *New Critical Essays*, tr. Richard Howard (Hill and Wang, 1980)

* *L'Obvie et l'obtus* (Seuil, 1982). *The Responsibility of Forms*, tr. Richard Howard (Hill and Wang, 1986)

Le Plaisir du texte (Seuil, 1973). *The Pleasure of the Text*, tr. Richard Miller (Hill and Wang, 1975)

'Réponses' (interview), *Tel Quel* 47 (autumn 1971), pp. 89–107

Roland Barthes par Roland Barthes (Seuil, 1975). *Roland Barthes by Roland Barthes*, tr. Richard Howard (Hill and Wang, 1977)

S/Z (Seuil, 1970). *S/Z*, tr. Richard Miller (Hill and Wang, 1975)

Sade/Fourier/Loyola (Seuil, 1971). *Sade/Fourier/Loyola*, tr. Richard Miller (New York, Hill and Wang, 1976)

Sollers écrivain (Seuil, 1979). *Sollers Writer*, tr. Philip Thody (Athione Press, 1987)

Sur Racine (Seuil, 1963). *On Racine*, tr. Richard Howard (Hill and Wang, 1964)

Système de la mode (Seuil, 1967). *The Fashion System,* tr. Matthew Ward and Richard Howard (Hill and Wang, 1983)

Works on Barthes

There are now many books on Barthes. Those mentioned below are just a selection. Louis-Jean Calvet's *Roland Barthes* (Flammarion, 1990), translated by Sarah Wykes, *Roland Barthes, A Biography* (Indiana University Press, 1995), is a lively biography with lots of information about Barthes's friendships and opinions but which treats theories as feeble attempts to rationalize feelings.

Books in English

Annette Lavers' early *Roland Barthes: Structuralism and After* (Harvard University Press, 1982) can be supplemented by Michael Moriarty's *Roland Barthes* (Polity Press, 1991), a clear overview, especially helpful on Barthes's dealings with Brecht and with narrative, and Stephen Ungar's *Roland Barthes: The Professor of Desire* (University of Nebraska Press, 1983), which shrewdly charts Barthes's shifting commitments and his appeal. More specialized are Andrew Brown's *Roland Barthes: The Figures of Writing* (Oxford University Press, 1992), a study of major concerns and operations in Barthes's writing; Armine Kotin Mortimer, *The Gentlest Law: Roland Barthes's 'The Pleasure of the Text'*, an exemplary, multi-dimensional reading of this book; and Diana Knight's *Barthes and Utopia: Space, Travel, Writing* (Oxford University Press, 1997), a subtle exploration of the forms of the important utopian impulse in Barthes's writing. D. A. Miller's *Bringing out Barthes* (University of California Press, 1992) obliquely but boldly evokes the gay Barthes that might have been.

Books in French

Stephen Heath's early *Vertige du déplacement: Lecture de Barthes* (Fayard, 1974) is still smart and pertinent. Philippe Roger's *Roland Barthes: roman* (Grasset, 1986) is a life and works particularly strong on Barthes's formative experiences. It is devoted to the proposition that from the outset Barthes sought to make knowledge literary. Vincent Jouve's *La Littérature selon Barthes* (Minuit, 1986) is an attempt at theoretical synthesis of Barthes's account of literature. Bernard Comment's excellent *Roland Barthes: vers le neutre* (Christian Bourgois, 1991) finds a coherent project in the utopian attempt to escape from constraints of critical as well as orthodox thinking.

Other

Prétexte: Roland Barthes (Union générale d'éditions, 1978) is the proceedings of a conference on Barthes at Cérisy, in which Barthes took an active part. *Paragraph* 11:2 (1988), *Barthes après Barthes*, ed. Cathrine Coquio and Regis Salado (Publications de l'Université de Pau, 1993), and *The Yale Journal of Criticism* (fall 2001) collect papers from other conferences on Barthes.

Numerous journals have devoted special issues to Barthes: *Tel Quel* 47 (autumn 1971), *Critique* 302 (January 1972), *Arc* 56 (1974), Visible Language (autumn 1977), *Studies in Twentieth-Century Literature* (spring 1981), *Poétique* 47 (September 1981), *Communications* 63 (1996), and *Nottingham French Studies* (spring 1997).

A parody of Barthes by Michel-Antoine Burnier and Patrick Rambaud, *Le Roland-Barthes sans peine* (Ballard, 1978), has rewarding moments. For further discussion of Barthes in the context of French structuralism, see Jonathan Culler, *Structuralist Poetics: Structuralism, Linguistics and the Study of Literature* (Cornell University Press, 1975).